Louis-Michaud éditeur.
168 Bd St Germain. Paris.

9846

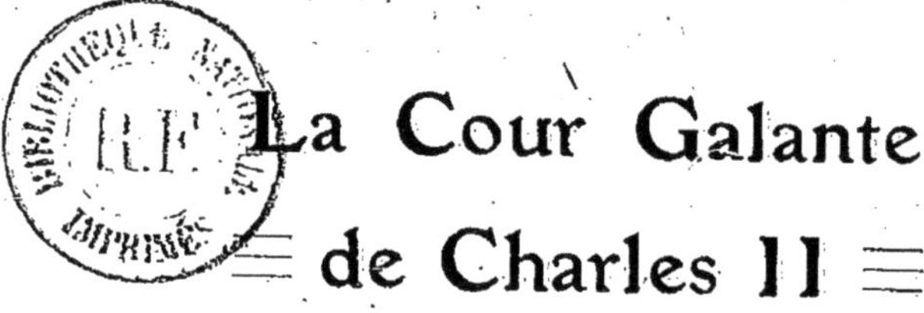

La Cour Galante de Charles II

COLLECTION HISTORIQUE ILLUSTRÉE

Albert SAVINE

La Cour Galante de Charles II

D'après les Documents d'Archives et les Mémoires.

Illustrations documentaires

LOUIS-MICHAUD
ÉDITEUR
168, Boulevard Saint-Germain, 168
PARIS

PRÉFACE

C'est un fait singulier qu'en dehors des pamphlets du temps et de ce chef-d'œuvre, les *Mémoires de Grammont*, incomplets volontairement, puisqu'ils s'arrêtent au mariage du chevalier avec la belle Hamilton, l'histoire de la Cour galante de Charles II n'ait jamais été écrite.

Le sujet était tentant, cependant. Un prince à la jeunesse romanesque, qui avait eu des aventures de paladin malheureux ; des maîtresses allant de la grande dame à la comédienne, de la fille de race à l'entretenue, sans oublier ce prototype de demi-vierge avant la lettre qu'est la belle Stewart ; une reine-mère hautaine et sévère ; une jeune reine malheureuse ; le duc d'York, au mariage clandestin, aux maîtresses avouées ; le grand conflit religieux comme fond de décor, avec la mainmise française sur la politique anglaise ; l'entente cordiale scellée dans l'alcôve d'une petite Bretonne au château d'Euston, le tableau était curieux, piquant et parfois même de haut goût.

A l'aide des correspondances diplomatiques, des

journaux, des correspondances privées, des mémoires, on s'est efforcé de l'esquisser ici, sans se dissimuler les difficultés de la tâche, sans reculer devant les détails que l'impudeur de nos pères, habitués à appeler les choses par leur nom, rendait difficile de retracer sans circonlocutions.

Les portraits des beautés de Windsor, les admirables peintures de Peter Lely, de Honthorst, de Huysmans, les gravures hollandaises si fouillées et si précises, et jusqu'aux almanachs du temps nous ont fourni les éléments d'une illustration authentique, variée et vraiment artistique.

La Cour Galante de Charles II

I

Premières armes, premières amours.

En pleine guerre civile, au lendemain de ses couches, la reine Henriette-Marie dut quitter en hâte Exeter qui allait être investie (juillet 1644), s'embarquer sous un déguisement à Plymouth et se réfugier en France.

Le Louvre se trouvait vacant. Anne d'Autriche s'était récemment fixée au Palais-Royal, qui convenait mieux aux goûts du temps. On offrit à la fille d'Henri IV l'hospitalité de la France dans ce qui avait été le palais de son père. Tout d'abord, elle fut accueillie en souveraine. On la combla d'honneurs et de belles paroles. Anne d'Autriche lui donna toujours la droite et Mazarin lui annonça qu'on lui servirait une pension de 1 200 livres par jour. « Elle avait avec elle, raconte Mlle de Montpensier (1), beaucoup de dames de qualité, des filles d'honneur, des carrosses, des gardes, des valets de pied. Cela diminua petit à petit et, peu de temps après, rien ne fut plus éloigné de sa dignité que son train et que son ordinaire. »

Quand, après sa fuite à Edgehill (mars 1645), le prince de Galles avait rejoint sa mère, elle s'était mis en tête de

(1) Mlle de Montpensier. *Mémoires*, 26 (coll. Michaud et Poujoulat).

lui faire épouser Mlle de Montpensier, la cousine opulente qui, dans le bien-être de son palais des Tuileries, représentait à ses yeux la richesse perdue (1). La Grande Mademoiselle se jugeait un brillant parti pour un prince exilé. Certes, Charles, alors âgé de seize à dix-sept ans, était un beau cavalier. Son teint brun s'harmonisait avec ses yeux noirs, et si sa bouche était disproportionnée, sa taille était heureusement prise. Mais Anne-Marie-Louise d'Orléans, la Grande Mademoiselle, ne brillait point par la modestie (2). Convaincue de sa beauté, de l'éclat de ses cheveux blonds, de la grâce de sa taille, elle aspirait à davantage. Elle se laissa un peu dédaigneusement courtiser par la mère et par le fils, parents déshérités de la fortune à qui, en échange de cette cour, elle faisait l'aumône de quelques égards. A l'une de ces fêtes du Palais-Royal où l'on montait un ballet italien avec des machines de Torelli, ne parut-elle pas parée des pierreries de la Couronne d'Angleterre, comme si elle en avait déjà dépouillé sa future belle-mère? Le prince de Galles, qui portait des rubans à ses couleurs, incarnadin, blanc et noir, était assis à ses pieds : « Mon cœur, a-t-elle écrit fièrement, le regardait de haut en bas, aussi bien que

(1) Sur la *Grande Mademoiselle*, on doit lire, outre ses *Mémoires*, le livre remarquable d'Arvède Barine, *la Jeunesse de la Grande Mademoiselle*.

(2) Voici le portrait que traçait d'elle-même Mlle de Montpensier : « Je suis grande, ni grasse, ni maigre, d'une taille fort belle et fort aisée. J'ai bonne mine, la gorge assez bien faite, les mains et les bras pas beaux, mais la peau belle ainsi que la gorge. J'ai la jambe droite et le pied bien fait; mes cheveux sont blonds et d'un beau cendré; mon visage est long, le tour en est beau; le nez grand et aquilin, la bouche ni grande ni petite, mais façonnée d'une manière agréable; les lèvres vermeilles; les dents pas belles, mais pas horribles aussi; mes yeux sont bleus, ni grands ni petits, mais brillants, doux et fiers comme ma mine. J'ai l'air haut sans avoir l'air glorieux. Je suis civile et familière, mais d'une manière à m'attirer le respect plutôt qu'à m'en faire manquer. J'ai une fort grande négligence pour mon habillement, mais cela ne va pas jusqu'à la malpropreté, je la hais fort; je suis propre et, négligé ou ajusté, tout ce que je porte a bon air. Ce n'est pas que je sois incomparablement mieux ajustée, mais la négligence me sied moins mal qu'à une autre, car, sans me flatter, je dépare moins ce que je mets que ce que je mets ne me pare (*Galerie des portraits de Montpensier*, p. 411).

mes yeux. » Charles avait l'attitude de l'amour à défaut des propos. « Sa galanterie, dit encore la capricieuse princesse, fut poussée si loin qu'elle fit grand bruit par le monde, mais ce qui en était le plus incommode, c'est qu'il ne parlait ni n'entendait de façon du monde le français. »

Or, Mlle de Montpensier n'était pas fille à tenir grand compte de ce qu'on lui disait de la part d'un homme qui ne pouvait s'exprimer par lui-même, d'autant qu'au fond elle se souciait peu d'épouser le fils d'un roi quasi-détrôné. Ne valait-il pas mieux devenir l'impératrice de Ferdinand III, tout récemment veuf? Elle trouva à Charles cent défauts. Il mangeait comme quatre. Il négligeait les ortolans dans les dîners de cérémonie et se jetait sur les pièces de bœuf et les épaules de mouton « comme s'il n'eût eu que cela » (1). Son cousin Rupert eût été bien plus séduisant, mais ce n'était qu'un cadet d'Allemagne, un prince palatin et il partageait la ruine de la Maison d'Angleterre. Le prince de Galles fut vite pesé dans l'esprit de Mlle de Montpensier. « Si je l'épousais, pensait-elle, je ne pourrais jamais m'empêcher de vendre tout mon bien et le hasarder pour conquérir son royaume. » Bref, Charles fut éconduit par la grande coquette.

La reine Henriette-Marie ne dissimula point combien elle était blessée. « Lorsque la reine d'Angleterre sut que j'étais entrée à Orléans (2), raconte elle-même la Grande Mademoiselle, elle dit qu'elle ne s'étonnait pas que j'eusse sauvé Orléans des mains de mes ennemis, comme avait autrefois fait la Pucelle, et que j'avais commencé comme elle à chasser les Anglais, en voulant dire que j'avais chassé son fils de chez moi (3). »

Soupirant évincé, le prince de Galles ne tarda pas à se rendre à Calais pour tenter de passer en Écosse. Il emportait jusqu'au dernier sol de la pension que sa mère avait

(1) Mlle de Montpensier. *Mémoires.*

(2) La prise d'Orléans date du 27 mars 1652.

(3) Mlle de Montpensier. *Mémoires.*

eue de la Cour et, sitôt son départ, abandonnée de tous ses gens, qui lui demandaient leur dû, Henriette-Marie alla chercher asile dans une petite chambre des Carmélites de la rue Saint-Jacques. Ses domestiques ne tardèrent pas à se disperser dans Paris, pour y vivre chacun comme il pourrait, et certain jour, au temps de la Fronde, où la future Madame restait au lit faute de fagots, le coadjuteur de Retz leur obtint du Parlement un secours de 40000 livres. Tout Paris était encore ému des nouvelles qui venaient d'arriver de l'autre côté de la Manche. Le 9 février 1649, la tête de Charles Ier était tombée à Whitehall sous la hache du bourreau (1). Mais quelques jours plus tard, l'effervescence qui régnait contre la Cour de Saint-Germain étendait ses effets jusqu'à la « reine malheureuse » comme s'intitulait Henriette-Marie. Par les rues, la foule clabaudait contre la fille d'Henri IV et son fils : « Ils veulent, disait-on, nous rendre aussi malheureux qu'eux et font leur possible pour ruiner la France, comme ils ont fait de l'Angleterre ». Bientôt, il fallut fuir Paris, et malgré les créanciers ameutés pour arrêter les carrosses, rejoindre la Cour à Chatou et aller s'abriter dans le vieux château de Saint-Germain. Le jeune Charles II, découragé par l'insuccès de ses tentatives et récemment revenu en France, en grand deuil, à cheval, la main posée sur la portière de la voiture, faisait à sa mère un rempart de son corps (2).

Dans ces jours d'exil, le prince avait rapidement cessé d'être l'incolore et silencieux jouvenceau qu'avait méprisé Mlle de Montpensier. Parmi les belles frondeuses avec lesquelles il s'était trouvé en contact à Paris, il s'était épris de la duchesse de Châtillon. Fille de ce comte de Boutteville-Montmorency, si fameux par ses duels et décapité sous Richelieu, elle avait épousé, peu d'années avant, Gas-

(1) L'Angleterre n'avait pas encore adopté le calendrier grégorien. Pour elle, l'année commençait le 24 mars. De là, dans les chroniques contemporaines, la date du 30 janvier 1648, bien qu'il n'y eut que dix jours d'écart entre les deux calendriers.

(2) Comte de Baillon, *Lettres de Henriette-Marie*, p. 266.

Vue et perspective du Palais de Whitehall.
Dessin par Silvestre, gravé par Israel. (Bibliothèque Nationale. Estampes.)

pard de Coligny, duc de Châtillon, qui l'avait enlevée à l'instigation de Condé. Puis elle s'était attachée successivement à Condé, à Beaufort, au duc de Nemours, son cœur étant toujours à qui le saurait prendre, car, selon le mot de Bussy-Rabutin « elle était intéressée, infidèle et sans amitié. » On prétendait qu'elle poussait le dévouement pour M. le Prince jusqu'au point de prendre tant d'amants qu'elle en trouvait pour recruter des partisans à la Fronde. Elle songea même, s'il en faut croire les contemporains, à enlever le roi à Mazarin et à le racoler parmi les partisans de M. le Prince. Mais il était si jeune qu'il lui fallut renoncer à cette conquête (1)! Charles II avait dépassé l'âge des minorités royales. Cette beauté célèbre le conquit tout entier. « Elle avait les yeux noirs et vifs, dit un contemporain, le front petit, le nez bien fait, la bouche rouge, le teint comme il lui plaisait, mais d'ordinaire elle le voulait avoir blanc et rouge. Elle avait un rire charmant et qui allait réveiller la tendresse jusqu'au fond des cœurs (2) ». Quand Gaspard de Coligny fut tué pendant la Fronde, au combat de Charenton, cette belle passion de Charles II n'était point encore née. Elle battit son plein en 1651, quand le jeune roi revint d'Angleterre entouré de toute la gloire d'une campagne romanesque.

Henriette-Marie avait reconnu l'hospitalité de la France en rendant à la Cour et à Mazarin tous les bons offices qu'il lui était possible. Ce fut elle notamment qui négocia avec le Parlement la réconciliation qui permit à Louis XIV de rentrer à Paris, et le jeune roi vint la remercier au Louvre d'une intervention qui assurait la paix et la restitution de l'autorité royale. La reine d'Angleterre eût voulu davantage que ces bonnes paroles et cette reconnaissance platonique. Elle ne désespérait pas de la restauration de son fils en Angleterre. Si habile que fût Cromwell, si heu-

(1) Pour la tentative de conquête de Mme de Châtillon sur Louis XIV, voir notre volume : *Fouquet, surintendant des Finances*, p. 14.

(2) Bussy-Rabutin. *Hist. amoureuse des Gaules*, t. I, p. 156. Coll. P. Jannet.

reuses que fussent ses armes, il était loin de dominer sans conteste les royaumes sur lesquels avait régné Charles Ier. L'Écosse, sans cesse turbulente, semblait appeler à elle un prince de la Maison de Stuart. Henriette-Marie, en fille d'Henri IV, savait comment on reconquiert un royaume. Elle rêvait pour cette besogne l'appui de la France. Mais, à mesure que les jours passaient, il lui fallut bien se rendre à l'évidence et reconnaître qu'elle avait fait un beau rêve sans réalité. Alors, dans le petit clan royaliste du Louvre, on se décida à tenter la fortune des armes et, puisque l'Écosse réclamait un Stuart, Charles II se résolut à obéir à l'invite de ses partisans et à se présenter en personne sur le sol écossais. Le 2 juin 1650, il débarquait à Sprey et bientôt faisait son entrée à Édimbourg au milieu de l'allégresse générale. Cromwell, averti de son débarquement, s'avançait à marches forcées. Les Covenantaires (1) profitaient du péril pour obliger le roi à souscrire à leurs conditions. C'était à ce prix que Charles II pouvait se faire couronner à Scone le 1er janvier 1651. Partout on fortifiait les places. Partout on se préparait à repousser l'assaut des troupes du Protecteur. La victoire appartenait sans doute aux royalistes, s'ils eussent su attendre. Mais Charles II, habitué aux plaisirs faciles, n'avait pas tardé à heurter les préjugés et les susceptibilités de ses hôtes. Il en avait assez de cette hospitalité écossaise, qu'on lui avait fait si chèrement payer, et des conseillers maladroits, ayant fait luire à ses yeux les spécieuses espérances de soulever le pays de Galles, il accepta avec enthousiasme l'idée de marcher sur la frontière. Son armée, composite et comme race et comme religion, dépaysée par cette campagne d'incursion, se fit battre à Worcester le 3 septembre. L'échec fut tel que la fuite s'imposait pour les Cavaliers (2). Charles et quelques

(1) Le Covenant de 1588 avait été renouvelé à Édimbourg, lorsque Charles Ier avait voulu imposer le rite anglican.

(2) *Cavaliers*, surnom donné aux royalistes pendant la révolution d'Angleterre, par opposition aux parlementaires dits *Têtes rondes*.

fidèles gagnèrent au galop, le lendemain, l'ancienne abbaye des Dames Blanches de Boscobel, où vivaient les frères Penderell (1). Ces simples bûcherons étaient des catholiques fervents. Ils n'hésitèrent pas à donner asile au roi. Rapidement on fit tomber ses cheveux sous les ciseaux (2); on les brûla, ainsi que tout ce qui pouvait paraître suspect, et tandis qu'il revêtait les vêtements d'un valet de labour, chacun des cavaliers, qui composaient sa petite troupe, s'enfuit au galop de son cheval, s'efforçant d'attirer sur ses pas les émissaires de Cromwell. Après une nuit de repos, un des frères Penderell emmena Charles II dans les bois. Il était temps. La maison de Boscobel, signalée comme suspecte, allait être envahie par les soldats du Protecteur. Tout ce pays de frontière abritait, depuis la persécution dirigée contre les catholiques, un grand nombre de prêtres. Il n'était guère de ferme ou de château où l'on n'eût pratiqué des caches secrètes où les persécutés pussent attendre que ceux qui les poursuivaient eussent perdu leurs traces. Charles II reçut successivement l'hospitalité d'un certain nombre de ces caches mystérieuses. Au château de Moseley, que possédait Thomas Whitgreave, le châtelain et son chapelain, le bénédictin John Huddleston, pansèrent ses pieds tuméfiés et, à l'approche des soldats, il partagea avec Huddleston la cachette du château. « Voilà donc Votre Majesté traitée comme moi, lui dit en souriant le père Huddleston. — S'il plaît à Dieu de me rendre ma couronne, vous et ceux de votre religion jouirez de la même liberté que mes autres sujets (3). » Après le château de Moseley, Charles II fut accueilli par le colonel Careless, puis on le cacha au Chêne-Royal. Lord Wilmot le promena ensuite par

(1) Sur la fuite de Charles II à travers l'Angleterre, voir : *le Chesne royal*, par le comte de Baillon (*le Correspondant*, 1887) et le livre d'Eva Scott, *The King in Exil.*

(2) Charles II, comme tous les *Cavaliers*, portait ses cheveux longs et bouclés.

(3) Comtesse R. de Courson. *La Persécution des catholiques en Angleterre*, p. 11.

le pays, redoutant sans cesse de tomber dans quelque piège, et finit par lui proposer de se confier au colonel Lane et à sa fille Mary.

Déguisé en valet, Charles II prit en croupe la jeune fille « qui n'était pas considérable en beauté » et, sous prétexte de la conduire chez sa sœur, traversa en cet équipage une bonne partie de l'Angleterre. Dans une auberge, le valet tourna la broche et laissa brûler le rôti. Plus d'une fois, on rencontra des piquets de cavalerie qui interrogeaient les voyageurs ou plutôt la jeune fille, car ils avaient pitié de ce lourdaud. Partout on les laissa passer sans encombre. Ceux qui reconnurent le roi feignirent d'ignorer sa qualité. Un jour, cependant, que Charles déjeunait à l'office de quelque auberge, il entra en conversation avec un valet d'écurie qui se mit à parler du roi. « Est-ce que tu as vu le roi, toi? » lui demanda le prince. — « Plus de vingt fois. — Et quel homme est-ce? » Le valet regarda fixement son interlocuteur. « Il est plus grand que toi de trois doigts. » Ailleurs, c'était un palefrenier qui l'abordait. « Ah! te voilà, toi, je te connais bien! — Ah! et où m'as-tu vu? —

Portrait du Prince Rupert (Robert de Bavière).
Par Honthorst. (Musée du Louvre.)

« A Exeter. » Charles avait, en effet, séjourné longtemps jadis dans cette ville. Il paya d'audace. « C'est vrai, j'y ai passé deux ans, au service de Lord Peter. Je suis bien aise de rencontrer un pays. Allons boire ensemble ». Le palefrenier s'excusa sur ses occupations. « Impossible, je le regrette, je vais à Londres. Au retour, nous nous retrouverons et renouvellerons connaissance. »

A quelques milles de Bristol, chez un ami du colonel Lane, le prétendu valet, ayant ôté son chapeau devant la maîtresse de la maison, le sommelier John Pope le regarda attentivement et, s'approchant de lui après cet examen, le pria de descendre à la cave pour l'aider dans son travail. Là, John Pope, remplissant une coupe, la vida à la santé du roi. Puis, mettant un genou en terre, « je sais qui vous êtes, dit-il, et je vous serai fidèle jusqu'à la mort. » Charles II lui tendit la main et le chargea de lui assurer un navire pour gagner la France. Mais il eût été imprudent de chercher à s'embarquer si près de Bristol. Le roi proscrit dut continuer ses randonnées. Heureusement, Mary Lane et lui descendirent dans un cabaret où la cabaretière, personne d'imagination, fabriqua instantanément un roman d'enlèvement auquel elle se prêta à servir de complice. Grâce à son intervention, on put gagner un petit port du Sussex et décider le capitaine Tettershall à embarquer le compagnon qui s'était substitué à Mary Lane (1) et le prétendu domestique. Le capitaine n'était pas sans avoir deviné le subterfuge « Mylord, dit-il au compagnon du roi, vous avez des domestiques de bonne maison et je crois qu'il y a peu de gentilshommes en Europe, servis plus honorablement que vous. » Le propos ne fut pas relevé. Tettershall n'insista pas, mais s'occupa de presser le départ. Il s'était ouvert à sa femme de ses soupçons.

(1) Mary Lane dut, quelques mois plus tard, se réfugier en France avec son père. Malgré le soin qu'avait eu Charles II de répandre un récit de sa fuite absolument fantaisiste, ceux qui avaient pris soin de la protéger n'avaient pas tardé à devenir suspects. Mary Lane fut très fêtée en France.

« Partez immédiatement, lui dit-elle, il m'importerait peu de mourir avec mes enfants, si je pouvais me vanter d'avoir contribué au repos et au salut du roi. » Le 20 octobre, on mit à la voile. Un matelot fumait sa pipe à quelques pas du prétendu domestique et lui envoyait sa fumée dans le visage. Tettershall lui fit une observation. « Bah ! fit l'homme, un chat regarde bien un évêque ! » Quelques heures après, on était en vue de Fécamp. Alors Tettershall se jeta aux pieds du roi.

Sitôt débarqué, Charles II se rendit à Rouen. Il avait, racontait-il plus tard à Pepys, si piteuse mine que l'aubergiste alla regarder avant son départ s'il n'avait rien dérobé. Remplaçant par une perruque ses cheveux coupés et avisant sa mère de sa prochaine arrivée, Charles II gagna Paris. « La reine, lit-on dans une dépêche du résident anglais, datée du 11 novembre 1651, s'est entièrement confinée au Louvre depuis l'arrivée du roi. Seulement, lundi dernier, dans l'après-midi, elle est allée à Chaillot avec l'intention d'y passer deux ou trois jours pour y faire ses dévotions (1). Après quoi, elle est revenue ici jeudi soir. Elle est constamment d'une gaieté extraordinaire et semble comblée de joie d'avoir près d'elle un fils en bon état. Le roi est triste et sombre la plus grande partie du temps. L'enjouement, contraire à sa nature, qu'il s'est efforcé de montrer au moment de son retour ici, n'a duré que peu de jours. Maintenant, il reste toujours fort silencieux, soit qu'il se trouve avec sa mère, soit en tout autre compagnie. »

Charles II s'ennuyait. Après la vie d'agitation, d'inquiétude anxieuse qu'il avait menée jusqu'à ce qu'il repassât la Manche, il avait retrouvé à Paris, dans la petite Cour du Louvre, des intrigues et des préoccupations qui lui paraissaient bien monotones et bien misérables. Henriette-Marie avait toujours eu un caractère difficile. Impérieuse et auto-

(1) Henriette-Marie s'était constituée la protectrice des Visitandines de Chaillot.

ritaire, elle prétendait que son fils se reprît à faire la cour à Mlle de Montpensier, en qui elle voyait plus que jamais le seul parti capable de donner au jeune roi les moyens de remonter sur le trône, en employant sagement les richesses accumulées par la maison d'Orléans. Charles II était tout disposé à se laisser faire, mais le plan d'Henriette-Marie était double. Elle entendait marier son second fils, Jacques d'York, à Mlle de Longueville, autre héritière de la même maison, et Jacques, demeuré à Paris pendant les aventures de son frère, ne marquait nul désir de satisfaire sa mère. Le troisième fils de la reine d'Angleterre était encore prisonnier au pouvoir de Cromwell. Après avoir songé à faire de lui un apprenti cordonnier et de sa sœur Elisabeth une fabricante de boutons, le Protecteur les avait fait enfermer au château de Caresbrook et c'est là qu'en proie à une fièvre lente Élisabeth s'était éteinte, le 8 septembre 1650, sa blonde tête posée sur sa Bible, don de son père. Les querelles d'Henriette-Marie avec Jacques d'York s'étaient aggravées pendant l'absence de Charles II. Depuis la mort de Charles Ier, la « reine malheureuse » s'était assez promptement consolée de son veuvage. Lord Jermyn n'avait pas tardé à devenir son favori et son « mari de conscience ». Mme de Motteville, qui a beaucoup connu Jermyn, en parle comme d'un serviteur « assez honnête homme mais fort borné » et « plus propre aux petites choses qu'aux grandes ». « Il avait pour elle cette fidélité qu'ont d'ordinaire tous les ministres. Il voulait avoir de l'argent, préférablement à tout le monde pour subvenir à sa dépense qui en tout temps était grande. Cette princesse avait sans doute trop de confiance en lui, mais il est vrai qu'il ne la gouvernait pas absolument : elle avait souvent une volonté contraire à la sienne qu'elle défendait en maîtresse absolue. (1) » Les amis de Jacques d'York n'avaient pu se résigner à voir le prince manquer de tout, alors que Jermyn accaparait l'ensemble des ressources de

(1) Mme de Motteville. *Mémoires*.

Portrait de Charles II (1657).

la famille royale (1). Pour le rendre indépendant de sa mère, ils lui constituèrent une pension et, après avoir quelque temps quitté le Louvre pour un château des environs de Paris, il partit pour les Flandres. « Il faut confesser mon peu de pouvoir sur lui, écrivait la reine à Mazarin. Il a voulu aller en Flandre et sans vouloir me dire son dessein... Je devrais être honteuse d'avouer cette affaire entre le duc d'York et moi, mais avec vous je veux user de la franchise dans toutes mes affaires et je vous proteste que c'est fort contre mon gré qu'il est allé en Flandre (2). » Si le cadet lui échappait, Henriette-Marie fit tout ce qui était en son pouvoir pour conserver son empire sur l'aîné. C'était le temps de la bonne Régence,

Temps où la ville aussi bien que la Cour,
Ne respiraient que les jeux et l'amour.

Henriette-Marie s'efforça d'amuser ce prince inamusable. Au Louvre, c'étaient sans cesse de petits jeux et, sous prétexte d'attirer Mlle de Montpensier, ce fut Mme de Châtillon qu'elle introduisit dans la bergerie. Femme si volage ne semblait point à craindre, et elle coupait la route à des maîtresses plus dangereuses.

Une politique indulgente,
De notre nature innocente,
Favorisait tous les désirs;
Tout goût paraissait légitime,
La douce erreur ne paraissait point crime,
Les vices délicats se nommaient les plaisirs.

Meubles, habits, repas, danses, musiques,
Un air facile avec la propreté,
Rien de contraint, pas trop de liberté,
Peu de gens vains, presque tous magnifiques;
N'avoir chez soi que la commodité,
Faisait alors les chagrins domestiques
Qu'aux autres temps fait la nécessité (3).

(1) « On sait, disent les *Mémoires de Grammont*, quelle table le bonhomme tenait à Paris, tandis que le roi son maître mourait de faim à Bruxelles, et que la reine-mère ne faisait pas grande chère en France. »
(2) Comte de Baillon. *Lettres de la reine Henriette-Marie*, 559.
(3) Vers de Saint-Evremond, dédiés à Ninon de Lenclos.

Sans cesse le Louvre voisinait avec le Palais-Royal. Princes et princesses de France et d'Angleterre nouaient de petites intrigues avec la « Mazarinerie ». Mais Charles II, qui avait alors plus de vingt ans, n'eut d'yeux que pour la duchesse de Châtillon.

« J'ai la taille des mieux faites et des plus belles que l'on puisse voir, écrivait celle-ci, traçant son portrait. Ma démarche est tout à fait agréable, et, en tout ce que je fais, j'ai un air infiniment spirituel. Mon visage est un ovale des plus parfaits selon toutes les règles. Mon front est un peu élevé, ce qui sert à la régularité de l'ovale. Mes yeux sont bruns, fort brillants et bien fendus; le regard en est fort doux et plein de feu et d'esprit. J'ai le nez assez bien fait et, pour la bouche, je puis dire que je l'ai, non seulement belle et bien colorée, mais infiniment agréable pour mille petites façons naturelles qu'on ne peut voir en nulle autre bouche. J'ai les dents fort belles et bien rangées. J'ai un fort joli menton. Je n'ai pas le teint fort blanc. Mes cheveux sont d'un châtain clair et tout à fait lustrés. Ma gorge est plus belle que laide. Pour les bras et les mains, je ne m'en pique pas; mais pour la peau, je l'ai fort douce et fort déliée. On ne peut avoir la jambe, ni la cuisse mieux faite que je ne l'ai, ni le pied mieux tourné. J'ai l'humeur naturellement fort enjouée et un peu railleuse, mais je corrige cette inclination par la crainte de déplaire. J'ai beaucoup d'esprit et j'entre agréablement dans les conversations. J'ai le ton de voix tout à fait agréable et l'air fort modeste. Je suis fort sincère et n'ai pas manqué à mes amis. Je n'ai pas un esprit de bagatelle ni de mille petites malices contre le prochain. J'aime la gloire et les belles actions. J'ai du cœur et de l'ambition. Je suis fort sensible au bien et au mal; je ne me suis pourtant jamais vengée de celui qu'on m'a fait, quoique ce soit assez mon inclination, mais je ne me suis retenue que pour l'amour de moi-même. J'ai l'humeur fort douce et prends plaisir à servir mes amis, et ne crains rien tant que les petits démêlés de ruelles qui, d'ordinaire, ne vont qu'à des choses de rien. (1) » Mme de Châtillon n'aimait pas les bagatelles de la porte. Jusqu'à quel point Charles II et elle filèrent-ils le parfait amour? Il est difficile de le savoir. La dame était, à coup sûr, peu farouche, mais les contemporains, très discrets, se sont bornés à noter que le bruit courut d'un mariage (2). Ce qui paraît certain, c'est qu'à cette époque Charles II était assez haut coté dans le monde de la Cour, et que les dames le voyaient d'un œil assez tendre. « Sa belle taille, ses cheveux noirs et frisés, la grâce et la majesté de toute sa personne, dit la comtesse de Brégis, le rendent l'homme du monde de la meilleure mine. Ces avantages ne doivent rien à la beauté, et même, après l'avoir vu, l'on ne la peut plus compter comme une chose désirable, puisque sans elle, on peut se trouver fait comme l'est ce jeune prince, dont l'esprit est sage, judicieux et capable de toutes les belles et bonnes choses. Son humeur est douce, civile et galante, et l'amour peut se vanter d'avoir eu souvent part à ses inquiétudes. Pour son cœur, il est aussi grand que sa naissance, ce qui le rend généreux, libéral et vaillant. (3) »

Tant qu'il fut au Louvre, Charles II semble s'en être tenu aux aventures de Cour. « Il mène à Paris, dit un contemporain, la vie d'un désœuvré qui s'amuse. » « Il a perdu l'affection des Français par ses débauches, » dit un royaliste attaché à l'Église établie. Le chancelier Hyde, à qui l'on en parle, avoue que c'est vrai et il s'en lamente (4). Le prince, selon son rêve, ce serait le duc de Gloucester. Ses geôliers se sont décidés à lui permettre de s'embarquer pour la Hollande au début de 1653. Il est arrivé à Paris, encore tout imbu des enseignements de son père, prolongés et comme raffermis par les discours de sa sœur

(1) *Galerie des portraits de Montpensier*, p. 472.

(2) Le comte de Baillon (*Henriette-Anne d'Angleterre, duchesse d'Orléans*, p. 21) dit que la duchesse, par suite d'une imprudence qu'elle eut lieu de regretter, refusa la main de ce prince sans couronne.

(3) *Galerie des portraits de Montpensier*, p. 15.

(4) Eva Scott. *The King in Exil*, 481.

Élisabeth, sa compagne de captivité. C'est à peine s'il se souvient de cette partie de sa famille qu'il vient rejoindre en France. Il ne sait rien d'elle et elle ne sait rien de lui. A peine est-il logé au Louvre qu'un conflit y éclate entre la mère et le fils. Henriette-Marie est catholique convaincue. Le fils de Charles Ier, comme son père, est un ferme adhérent de l'église anglicane. La reine s'est mise en tête non seulement de le convertir au catholicisme, mais d'en faire un évêque de Metz. Le duc de Gloucester se refuse à toute composition (1). Après une scène violente entre la mère et le fils en novembre 1654, Henriette-Marie fait retirer les draps de son lit. Ainsi chassé, le duc de Gloucester quitte le Louvre. Une lettre de Charles le fortifie dans ses projets de résistance. « Si vous ne tenez pas en considération ce que je vous dis, lui écrit-il, souvenez-vous des dernières paroles de notre père défunt qui furent d'être constant dans votre foi et de ne jamais vous

Lucy Walters ou Barlow.
Gravure de Scuver.
(Bibliothèque Nationale. Estampes.)

(1) Comte de Baillon. *Lettres d'Henriette-Marie*, 277.

laisser ébranler sur ce point (1) ». Le duc d'York prend également très énergiquement le parti de son frère et, en décembre 1654, Henriette-Marie consent enfin à autoriser le départ du duc de Gloucester pour les Flandres.

Depuis un an, les actions des Stuarts ont bien baissé en France. Les services rendus pendant la Fronde ont été vite oubliés sous le coup de nécessités politiques qui paraissent commander un rapprochement entre la France et l'Angleterre. Cromwell est maintenant dans toute sa gloire. C'est à qui, de l'Espagne et de la France, se ruera le plus vite aux pieds du régicide. Un graveur hollandais fit la satire de ces bassesses. Sur un côté de la médaille, on voyait le buste de Cromwell couvert d'une cuirasse et le front ceint de lauriers. Au revers, la Grande-Bretagne était assise, figurée par une femme, aux pieds de laquelle le Protecteur était agenouillé, le dos tourné, les reins découverts jusqu'à la taille. L'ambassadeur d'Espagne s'empressait pour baiser religieusement ce noble fessier et l'ambassadeur de France le repoussait du bras. « Retire-toi, disait la légende, cet honneur appartient au roi mon maître (2) ».

Le rapprochement que l'on tentait alors fut un coup cruel pour les exilés. « Je vous avoue, écrivait Henriette-Marie au duc d'York, que depuis mon grand malheur je n'ai rien senti à l'égal de ceci. » A la nouvelle de la mission de M. de Bourdeaux qui allait négocier à la fois la reconnaissance du protectorat et l'acquisition par Mazarin des collections artistiques de Charles Ier que faisait vendre le Parlement, Charles II annonça son intention de quitter la France. Quant au duc d'York, il devait toujours faire comme s'il ignorait cet envoi et, en cas qu'on lui en parlât, dire qu'il ne le pouvait croire.

Henriette-Marie n'était pas au bout de ses humiliations. Désireux de diminuer les charges du trésor, Mazarin lui arracha l'autorisation de réclamer le paiement de son

(1) Jesse. *Memoirs*, II, 37-39.
(2) *Précis historique sur Cromwell*, p. 146.

douaire. Vaines démarches. Cromwell répondit aux revendications de son ambassadeur qu'Henriette-Marie n'ayant jamais été reconnue par le peuple comme reine-épouse de la Grande-Bretagne, elle n'avait pas droit à un douaire. C'était la traiter en concubine et cette insolente réponse était moins un outrage pour la veuve de Charles Ier que pour le négociateur. Anne d'Autriche, indignée, ajouta spontanément 200 livres par jour à la pension qu'elle avait assignée à sa belle-sœur et le duc d'York se vit confier le commandement des gendarmes écossais de la Garde du roi. Quelques mois plus tard, il partait pour l'armée de Turenne où il allait servir en qualité de volontaire. « A présent, écrivait-il gaîment à Charles II, je vais me battre pour gagner mon pain. Mais, bientôt, j'espère que je me battrai pour vous regagner votre couronne. »

Il semblait y avoir de moins en moins de chances pour que les princes anglais pussent espérer ouvrir une campagne ayant cet objectif. Au début de 1654, la politique de rapprochement de la France et de l'Angleterre aboutissait à un traité d'alliance. « Assurément, écrivait la reine de Bohême, sœur de Charles Ier, Cromwell est la bête de l'Apocalypse que tous les rois de la terre adorent : je lui souhaite une fin pareille et qu'elle vienne vite. » Une des conditions de l'alliance, c'était que l'hospitalité cesserait pour Charles II. Le jeune roi dut se réfugier dans les Flandres où il se réunit à ses frères. Puis, les ducs prirent du service dans l'armée espagnole qui défendait les Pays-Bas contre l'armée de Cromwell. Quant à Charles II, après le siège de Mardick, il passa en Hollande où la princesse d'Orange, sa sœur, exerçait la régence au nom de son fils mineur, et bientôt il dut se retirer à Cologne, pour éviter une déclaration de guerre à la Hollande.

C'est au cours d'un précédent séjour à La Haye que, plusieurs années avant, Charles II rencontra une aventurière, Lucy Walters, dont les commencements étaient obscurs (1).

(1) Jesse. *Memoirs*, III, 363.

Il était jeune et facile à séduire. « Elle était, dit la comtesse de Dunois, d'une beauté si parfaite, elle charma et transporta le roi à un tel point quand il la vit que, parmi les malheurs qui troublèrent les premières années de sa vie et de son règne, il ne connut d'autre plaisir, d'autre satisfaction, que celui d'aimer cette charmante maîtresse et d'être aimé d'elle. C'était sa première passion. L'équipage dont il lui fit présent, le soin qu'il se donna pour lui plaire, la complaisance qu'il avait pour elle, allèrent jusqu'à un tel point que le monde en vint à croire qu'il avait promis de l'épouser. (1) » Les conseillers de Charles II furent très inquiets de l'empire qu'elle prenait sur le prince. Le chancelier Hyde, qui parle d'elle fort dédaigneusement dans ses *Mémoires*, semble croire qu'elle avait fait le voyage de La Haye tout exprès pour séduire Charles II et insinue que, dans le manège de la courtisane, il y avait une manœuvre des ennemis de la Maison de Stuart pour rabaisser le pouvoir royal. Lucy Walters n'avait point de si noirs desseins. C'était, en somme, une petite Dubarry sans Roué, mais non sans greluchon, uniquement préoccupée de s'assurer le vivre et le couvert par le moyen d'entreteneurs riches. Plus tard, Algernon Sidney racontait au duc d'York qu'au temps où il servait sous Cromwell, il était convenu avec Lucy Walters de « cinquante grandes pièces » pour la posséder, mais que le brusque départ de son régiment avait empêché l'exécution de ce contrat. « Alors, ajoutait-il, elle a fait le voyage de Hollande pour y chercher fortune, et c'est à ce moment que, tombant aux mains de mon frère, le colonel Robert Sydney, elle vécut quelque temps avec lui. » Le bruit de sa beauté extraordinaire remplit bientôt La Haye et Rotterdam. Elle y était connue de tous les étourneaux, qui menaient la vie élégante et licencieuse, sous le nom de mistress Barlow, et le roi Charles, attiré par sa jeunesse, trouva moyen de la faire venir chez lui et de la garder. Sydney prit froidement cet

(1) Comtesse de Dunois. *Memoirs of the english court*, p. 3.

abandon : « L'aura qui voudra, dit-il, maintenant que j'en ai eu l'entame. (1) » S'il en faut croire les *Mémoires* de Jacques II, Lucy Walters accoucha bientôt après ses rapports avec Charles et personne n'hésitait à attribuer la paternité de l'enfant, le futur duc de Monmouth, non point au roi, mais au colonel Robert Sydney. Devenu homme, Monmouth rappelait le colonel par sa taille, sa tournure, et même par une verrue à la figure (2).

Des lettres d'un agent de Charles II, O'Neill, précisent certains points relatifs à cette liaison. « Je me suis, jusqu'à présent, abstenu de rendre compte à Votre Majesté de l'exécution de ses ordres au sujet de Mrs Barlow, écrivait O'Neill, le 8 février 1656, parce que ceux que j'ai employés à son propos, m'ont rapporté de sa part la promesse qu'elle se conformerait aux ordres de Votre Majesté. Depuis peu, j'apprends qu'elle compte n'en rien faire et que, de Cologne, on lui assure que Votre Majesté ne voudrait pas avoir un enfant d'elle. Je suis très ennuyé de voir le dommage que cause à Votre Majesté sa présence ici, car toutes ses étourderies mettent Votre Majesté en scène, et je ne suis pas moins humilié d'avoir tant obsédé Votre Majesté pour l'avoir crue digne de son attention. Quand j'aurai l'honneur d'être auprès de Votre Majesté, je lui dirai ce que je tiens d'une sage-femme de cette ville et d'une de ses domestiques qu'elle a eu la maladresse de maltraiter, bien que celle-ci fût au courant de presque tous ses secrets. » O'Neill fut évidemment invité par Charles II à continuer sa surveillance auprès de mistress Barlow, car il lui adressait un second rapport le 14 février. « J'ai eu du moins, disait-il, l'occasion de la sauver du scandale public. Sa domestique, qu'elle a failli tuer en lui plantant dans l'oreille un poinçon pendant son sommeil, l'aurait accusée d'avoir fait périr

(1) Jesse. *Memoirs*, II, 363.

(2) Evelyn signale également l'étonnante ressemblance de Monmouth avec le premier amant de sa mère, le colonel Sydney. Scientifiquement cette ressemblance n'a pas la valeur que lui attribue Jacques II, intéressé d'ailleurs à supprimer un concurrent possible.

deux enfants par des remèdes et de vivre d'une façon infâme avec M. Howard, mais j'ai empêché cette mauvaise affaire, soit par des menaces, soit surtout par un présent de 100 gilders à la domestique. Son dernier avortement a eu lieu depuis le départ de M. Howard, comme l'a dit la sage-femme à quelqu'un que j'emploie près d'elle. Le docteur Rusuf lui a donné des remèdes, mais cela a toujours été après l'avortement, et bien qu'il soit au courant de tout, il serait imprudent de lui en parler. Aussi, je ne ferai aucune tentative auprès de lui sans avoir une certitude suffisante de la part de gens placés plus près. Bien que je l'aie tirée d'affaire, cette fois, il est peu probable qu'elle s'en tire de nouveau, quand je serai parti; car, c'est seulement par considération pour Votre Majesté que M. Heenuleit et M. Nertwick se sont abstenus de la chasser de la ville et du pays au son du tambour comme femme de conduite infâme. Il serait donc à propos, si Votre Majesté voulait reconnaître cet enfant, d'envoyer ses ordres positifs pour que la délivrance se fasse dans les mains de la personne que Votre Majesté désignera. Je sais cela par une personne qui a lu la lettre écrite à elle par Lord Taaffe, le 11, par ce dernier courrier, où il lui dit que Votre Majesté ne prend rien plus à cœur que ses souffrances, et que le premier argent que vous pourrez obtenir ou emprunter lui sera envoyé pour ses besoins. Tant que Votre Majesté encouragera quelqu'un à tenir ce langage, elle se refusera de se conformer à sa volonté; la seule façon est de l'y contraindre, si Votre Majesté juge qu'elle en vaille la peine (1). »

Tout ce que Charles II put obtenir de Lucy Walters, ce fut qu'elle menât sa grossesse à terme, mais, à Cologne, entouré d'une suite famélique, il avait de trop maigres ressources pour pouvoir satisfaire les caprices de la jolie fille. D'ailleurs Thomas Howard, revenu à La Haye, avait bien vite profité de sa solitude pour reprendre sur elle tout

(1) Ces lettres ont été publiées par Jesse (*Memoirs*, III, 365) d'après les *Thurloe Papers*, I, 683.

son pouvoir. La décida-t-il ou se décida-t-elle, en présence de la gêne du jeune roi qui ne semblait plus en état de la faire vivre sur le pied de luxe et de grande dépense auxquels elle était habituée, à chercher fortune d'un autre côté? Sans rompre nettement avec Charles Stuart qu'elle tenait par l'enfant dont elle venait d'accoucher, elle décida de passer en Angleterre. Elle s'embarqua à Flessingues sur un bateau qu'elle avait loué pour elle, ses deux enfants, son frère Justus Walters, Thomas Howard et cette servante qu'elle avait si bien traitée à coups de poinçon. Avant de s'embarquer, elle avait revu le roi à Bruxelles et lui avait présenté le nouveau-né (1). Peu de jours après le débarquement, la police de Cromwell arrêta et interrogea longuement la servante sur ce qu'elle pouvait savoir des relations de sa maîtresse et du roi (2).

A part des revenez-y qu'expliquent la faiblesse et la débonnaireté du caractère de Charles II, ses amours avec Lucy Walters n'eurent pas de lendemain. Après la restauration, elle vivait à Londres, menant toujours l'existence décousue de la femme entretenue. Un jour, pourtant, elle jugea à propos de jouer la comédie d'une conversion. « Vainement, dit Lord Clarendon, elle mit en œuvre toutes ses petites ruses, fit tous ses efforts pour persuader au docteur Cousins qu'elle était convertie et qu'elle renonçait à sa vie scandaleuse, mais elle eut à la même époque un enfant du comte d'Arlington. Cet enfant devint une femme que la mère reconnut et qui ressemblait au comte autant qu'il était possible. (3) »

(1) Il n'a plus été question par la suite de ce nouveau-né. L'enfant que, parlant à sa servante Hill, elle qualifiait « votre maître », doit être le duc de Monmouth qui fut confié plus tard à Lord Crofft et élevé par lui sous les yeux de la reine-mère.

(2) Jesse. *Memoirs*, p. 367, t. III. Interrogatoire de Mme Hill.

(3) Jesse. *Memoirs*, III, 364.

II

La Restauration.

E 3 septembre 1658, Olivier Cromwell disparaissait de la scène du monde. Son fils, Richard Cromwell, lui succéda au pouvoir, de même que, jadis, un prince de Galles héritait de son père. Mais les splendides funérailles, célébrées à Westminster avec une pompe telle qu'on n'en avait pas encore vu, n'étaient pas effacées de la mémoire des contemporains que Richard se sentait las des soucis du gouvernement.

C'était un homme de mœurs paisibles et d'habitudes familiales. De son père, il n'avait ni la main de fer, ni le prestige de la victoire (1). Aimant les livres, les tableaux, les curiosités en tous genres, pas un trait de son caractère ne le rapprochait des *Têtes Rondes.* Aussi, au moment de la révolution, alors que son père commandait contre Charles Ier les armées du Parlement, l'avait-on vu souvent festoyer gaiement avec des *Cavaliers* notoires, et boire avec eux à la santé du seigneur du pays. Quand la peine de mort fut édictée contre Charles Ier, Richard se jeta aux pieds de son père pour lui demander la vie du roi (2). Sous le protectorat, cependant, il fut employé et tira quelque parti de la gloire paternelle (3). Mais, auprès des soldats, comme auprès des Puritains, dont l'argot religieux lui inspirait du dégoût, Richard n'était point recommandé aux respects par des exploits ou des victoires. En proie aux

(1) Macaulay. *Histoire d'Angleterre depuis l'avènement de Jacques II*, t. I, 154-156.

(2) Jesse. *Memoirs*, II, 346.

(3) Jesse. *Memoirs*, II, 344.

ambitions et aux exigences des lieutenants de Cromwell, tous impatients d'être ce qu'avait été Olivier, il se vit bientôt contraint à une lutte de tous les jours contre des conspirations militaires sans cesse renaissantes. Ces mêmes officiers, qui rêvaient d'asservir son pouvoir, lui imposèrent la dissolution du Parlement et puis feignirent de se déclarer, au nom du respect de la légalité, les partisans de ce *Parlement Croupion* (1). Alors le découragement s'empara de Richard. Il se laissa mettre de côté presque sans protestations et se retira dans les biens ruraux qu'il avait acquis ou qui lui venaient de sa femme. Une période d'anarchie s'ouvrit dès lors pour l'Angleterre. Le *Long Parlement* qu'on venait de ressusciter se prit de querelle avec l'armée. Il prétendit traiter en sujets ceux auxquels il devait un reste de vie (2). Aussitôt des violences militaires arrachèrent de leur siège ces parlementaires audacieux ; un conseil provisoire, composé d'officiers, s'empara

George Monk, duc d'Albemarle.
Portrait par Michel Wright.
(Bibliothèque Nationale. Estampes.)

(1) On a appelé *Long Parlement* ou *Parlement croupion*, de *rump*, *train de derrière*, le Parlement qui s'éternisait au pouvoir, à peu près comme plus tard la Convention en France.

(2) Comte de Baillon. *Henriette-Anne d'Angleterre, duchesse d'Orléans*, p. 30.

de la direction du gouvernement. Mais, là encore, chacun de ces officiers apportait son contingent de haine et d'ambition. L'Angleterre d'un côté, l'Écosse de l'autre, avaient leurs champions et sans cesse les querelles et les dissensions déchiraient le pays. L'instant parut propice aux royalistes pour s'agiter. Mais eux aussi étaient désunis. Une longue période de soumission sous la main de fer du Protecteur avait amolli les courages et brisé les volontés. D'ailleurs un chef reconnu par tous manquait. Une tentative, essayée peu après l'abdication de Richard Cromwell, échoua misérablement, trahie et vendue au gouvernement républicain par de nombreux espions. Toute l'œuvre des agents royalistes était à reprendre.

Heureusement pour Charles II, la chute de Richard Cromwell avait achevé de lui rendre la liberté que lui avait promise la mort d'Olivier. Dès le premier de ces événements, il avait quitté Cologne et était venu s'installer à Bruxelles, d'où il pouvait plus aisément diriger les intrigues de ses partisans. Il chercha sa première base d'opérations du côté de l'Écosse.

A deux reprises déjà, un rapprochement s'était fait entre les Stuarts et les Presbytériens. D'abord, du vivant de Charles Ier, et puis avant la bataille de Worcester. De ces alliances du passé, il avait subsisté quelque amertume. Mais aujourd'hui, il n'était personne, parmi les plus marquants des Presbytériens qui ne fût disposé à faire abnégation de ses rancunes et de ses rêves et ne consentît à regarder en face les réalités présentes. Pour le parti tout entier, il devint bientôt manifeste que la restauration de la dynastie des Stuarts s'imposait. Il fallait choisir entre elle où la tyrannie militaire. Le pouvoir des généraux, c'était la mise au pillage de la nation au profit de troupes prétoriennes, que chaque dictateur arrivant au pouvoir gratifierait en don de joyeux avènement des biens de tous (1). En

(1) Macaulay. *Histoire d'Angleterre depuis l'avènement de Jacques II*, t. I, p. 158.

Angleterre aussi, on était las, après quelques mois de régime, du pouvoir illimité des sabres. Les lieutenants de Cromwell, Lambert, Desborough et Harrisson, à peine élevés au gouvernement, s'en disputaient la possession. Mais voici qu'un autre des généraux de l'armée anglaise, utile serviteur des deux Protecteurs, rallié au Long Parlement, après l'expulsion de Richard, se déclarait, au nom de l'armée d'Écosse, mécontent de l'œuvre des généraux d'Angleterre. Ce général s'appelait Georges Monk (1). Né le 6 décembre 1608, le dernier des fils de sir Thomas Monk, de Potheridge dans le Devonshire, il avait tenu le parti du roi jusqu'au siège de Nantwich où Fairfax le fit prisonnier (25 janvier 1644). Envoyé à la Tour de Londres, il avait reçu pendant son incarcération un présent de 100 livres que lui envoyait le roi Charles Ier (2); mais en novembre 1646, Cromwell, désireux de se faire une créature, l'élargit, et après l'incarcération du roi, Monk prit du service en Irlande. Ses sentiments avaient-ils changé? « Je vais, disait-il à un ami, rendre à Sa Majesté les meilleurs services que je pourrai contre les rebelles d'Irlande, et j'espère un jour le servir en Angleterre (3) ».

La mort de Charles Ier l'avait fait se renfermer plus que jamais dans son rôle de général au service du Parlement. En 1658, il commandait les troupes stationnées en Écosse et on le prétendait travaillé par les agents royalistes. « On me dit, lui écrivait Cromwell, qu'il y a en Écosse un certain rusé compagnon appelé George Monk, qui n'attend que le moment pour y introduire Charles Stuart. Faites, je vous prie, vos diligences pour le prendre et pour me l'envoyer ».

(1) Au sujet de Monk, le livre de Guizot reste après un demi-siècle la meilleure autorité à consulter.

(2) Jesse. *Memoirs*, III, p. 41-44.

(3) L'Irlande, pays conquis et gouverné en pays conquis, avait été sous Charles Ier traitée comme les Anglais avaient alors l'habitude de traiter les vaincus qui appartenaient à une autre religion que la leur. Tout soulèvement en Irlande prenait donc un caractère de révolte tendant au séparatisme.

Ainsi, par manière de plaisanterie, Cromwell rappelait à son lieutenant qu'il avait l'œil sur lui (1). Monk répondait à ce bon procédé, en adressant peu après au Protecteur une lettre où l'on tentait de le pratiquer et qu'il avait quelque raison de croire déjà connue des agents puritains (2). A la mort d'Olivier Cromwell, Monk avait fait correctement proclamer Richard à Édimbourg, tandis que ses soldats et ses sous-officiers grommelaient : « Pourquoi pas plutôt le vieux George Monk! Cela lui conviendrait bien mieux qu'à ce petit Dick ». Seul de tous les généraux, Monk n'avait rien demandé au nouveau Protecteur et comme, quelques mois avant sa chute, des amis de Richard Cromwell lui faisaient offrir une pension de 2 000 livres sterling s'il voulait prendre sa cause en main, Monk, qui se doutait bien que les jours de son pouvoir étaient comptés, répondit : « Cet argent lui sera plus utile que mon adhésion ». Il avait eu soin de se réserver de la sorte, mais il n'avait jamais cessé d'écouter les propositions, les offres et les promesses qui pouvaient lui être faites. Chaque parti avait ses représentants à son quartier-général. Price, chapelain du général, royaliste, anglican dans le cœur, était auprès de lui l'avocat des *Cavaliers* écossais. Chaque jour, il le pressait de venir au secours de la bonne cause, mais jamais il ne prononçait un de ces mots qui pouvaient le compromettre et

(1) Guizot, *Monk*, 58.

(2) Charles II lui avait écrit de Cologne, le 12 août 1656 : « Quelqu'un qui croit bien connaître votre caractère et vos inclinations m'a assuré que, malgré tant de malheurs et de fâcheux accidents, vous conservez pour moi votre ancienne affection et que vous êtes décidé à la montrer dès que l'occasion sera favorable. Je ne vous en demande pas davantage. Attendons patiemment cette occasion qui s'offrira peut-être plus tôt que vous ne pensez. Soyez prêt au moment; et, en attendant, prenez garde de ne pas tomber entre les mains de ceux qui savent le mal que vous êtes en état de leur faire lorsque les conjectures y prêteront et qui ne peuvent manquer de soupçonner que vos affections se tournent, comme j'en ai confiance, du côté de votre affectionné ami. » En adressant la copie de cette lettre à Cromwell, Monk lui disait : « Je ne sais pas encore à qui elle est adressée, mais je le saurai quand elle aura été remise. »

nuire à l'avenir de son œuvre. Un autre des chapelains du général, Gumble, lui servait d'intermédiaire avec les Presbytériens. Il avait encore auprès de lui son beau-frère Clargis, ministre presbytérien acquis aux idées de restauration.

C'est à l'époque où il était enfermé à la Tour de Londres qu'il avait connu Anne Clarges, fille d'une barbière de mauvaise réputation, mariée à un Rodford dont elle avait une fille. Anne Clarges vivait aux « Trois Gypsies d'Espagne » à la Nouvelle Bourse. Elle y vendait du savon, de la poudre et des gants et dirigeait une blanchisserie. En portant son linge à Monk, elle n'avait pas tardé à devenir sa maîtresse (1) et avait pris sur lui, dès cette époque, un empire tout-puissant. Douée d'une volubilité de parole, d'une impétuosité de volonté qui réussissaient à s'imposer à la froide circonspection du général, elle avait réussi, quelques années avant, à le réduire au mariage, après son divorce avec Rod-

Anne Clarges, duchesse d'Albemarle.
Portrait anonyme, 1670.
(Bibliothèque Nationale, Estampes.)

(1) Jesse. *Memoirs*, III, 45.

ford (1). Alors, la virago s'était jetée dans la dévotion. « Peu soigneuse de toute autre partie d'elle-même, a noté Clarendon, elle avait mis son âme entre les mains de quelques Presbytériens ». C'est par leur entremise que les fauteurs de la Restauration travaillèrent Monk et l'amenèrent, non sans quelque résistance et quelques reculs, à se faire l'instrument de leurs desseins. « Elle fut une des causes assez ignobles, a encore écrit Clarendon, qui poussèrent Monk dans une grande circonstance à déployer des qualités supérieures ». Il refusa, cependant, de marcher contre le Parlement et d'appuyer l'insurrection royaliste de Sir George Booth. « J'enverrai des troupes contre eux, dit-il, dans ma position, je ne peux pas faire moins ». Et, malgré cette boutade, il continua à entretenir les négociateurs que lui adressaient les *Cavaliers* et les Presbytériens (2). Lors de la défaite de Booth par Lambert, il exprima nettement l'avis que le Parlement devait rendre une loi pour ordonner de pendre sur-le-champ quiconque parlerait seulement de rétablir Charles Stuart (3). Bientôt, même, pour échapper au réseau d'intrigues dont il se jugeait entouré, il écrivit au Parlement pour donner sa démission, car il sentait, disait-il, les approches de la vieillesse. Son frère Nicolas Monk et son beau-frère Clarges, tous deux gagnés par les royalistes, firent si bien qu'ils empêchèrent la lecture de sa lettre au Parlement et réussirent à obtenir l'ordre de la retirer (4).

Un mois plus tard, à la nouvelle que Lambert avait chassé le Parlement, Monk cassait ou emprisonnait les

(1) Une lettre de Londres, du 9 septembre 1653, rapportait ainsi la nouvelle : « Notre amiral Monk vient de reconnaître pour sa femme une laide fille publique et de légitimer trois ou quatre bâtards, tandis qu'il grandissait en grâce et en sainteté », cité par Guizot, *Monk*, p. 43.

(2) A la veille de l'insurrection de sir George Booth, Monk avait fait la même réponse à sir Stephen Fox, envoyé de Charles II, mais il l'avait laissé s'en retourner en toute liberté.

(3) Guizot. *Monk*, 74.

(4) La lettre de Monk est du 3 septembre 1659.

officiers qu'il jugeait suspects. « L'armée d'Angleterre, disait-il, a chassé le Parlement. Incapable de repos, elle veut envahir toute l'autorité et ne souffre pas que la nation arrive à un établissement solide. Son insolente extravagance en viendra tout à l'heure à vouloir dominer l'armée d'Écosse qui ne lui est ni subordonnée ni inférieure. Quant à moi, je crois du devoir de ma place de subordonner les pouvoirs militaires aux pouvoirs civils. Je compte donc sur votre obéissance ». L'armée l'acclama et Monk envoya ses officiers s'assurer des postes importants et arrêter ceux qui agissaient pour le compte de Lambert. Aussitôt il organisa son armée comme un véritable gouvernement, réunissant en grand conseil tous les officiers, même subalternes, et sachant imposer à tous ses avis, sous apparence de les consulter. Une déclaration du grand conseil des officiers, portant en substance qu'ils avaient pris les armes pour la défense de la liberté et des privilèges du Parlement et pour soutenir envers et contre tous les droits et libertés du peuple, causa, à son arrivée à Londres, dans le public un vif sentiment de joie et, chez les officiers au pouvoir, un vif sentiment de surprise. L'armée d'Irlande et la flotte venaient de refuser leur concours à Monk; aussi accueillit-il volontiers le colonel Talbot et le Dr Clarges, à qui Lambert venait de confier le soin de suivre des négociations avec son rival. Un accord s'ensuivit le 15 novembre. Monk renonçait à regret à son programme d'octobre et ne demandait pas mieux que de se faire imposer par son armée de reprendre l'offensive. Le chapelain Gumble lui en fournit l'occasion. « Que pensez-vous de cet accommodement? lui demanda le général, comme il entrait dans la salle de réception remplie d'officiers. — J'en ai tant entendu parler, général, que je viens vous adresser une requête. — Laquelle? — Il y a dans le port de Leith un vaisseau prêt à mettre à la voile. Je viens vous demander un passeport pour la Hollande. — Comment! vous voulez me quitter? — Je ne sais pas comment s'en tirera Votre Grandeur, mais je sais qu'ils n'auront pas de repos, qu'ils ne vous aient ôté votre commandement. Vous verrez alors ce que vous aurez à faire. Pour moi, pauvre diable, je ne serais pas en sûreté dans leurs mains et je ne veux pas y tomber. — Est-ce donc à moi qu'il faudra le reprocher ? s'écria le général. Que l'armée tienne pour moi et je tiendrai pour elle ! ». A ces mots, tous les officiers furent debout, tirant leurs sabres et acclamant Monk. De l'accommodement du 15 novembre, il ne pouvait plus être question. Le lendemain, l'armée d'Écosse, composée de 7 000 vétérans, marchait sur Londres.

A cette nouvelle, les apprentis de la Cité s'assemblèrent par milliers, demandant à grands cris un libre Parlement. Les populations se soulevaient et refusaient de payer les taxes. La flotte qui, peu de semaines avant, déniait son concours, remonta la Tamise et se déclara contre le gouvernement des soldats (1). Lambert, qui s'apercevait enfin qu'il avait été joué, marcha de sa personne contre l'armée d'Écosse, fut abandonné de ses troupes et fait prisonnier. Le *Parlement Croupion* rentra en possession de Westminster. Croyant satisfaire l'armée d'Écosse en lui votant en signe de satisfaction des chaînes et des médailles d'or, il entendait reprendre, comme par le passé, la direction des affaires. Il comptait sans les dispositions de Londres et du pays tout entier. Il était universellement méprisé, universellement détesté. Partout où passait Monk, la gentry se pressait autour de lui et le suppliait de rendre la paix et la liberté à la nation. Monk, taciturne et froid, demeurait impénétrable. Cependant, quand le 3 février 1660, il fit son entrée à Londres, les jours du *Parlement Croupion* étaient comptés. Le surlendemain, le général vint à Westminster recevoir les remerciements du Parlement. On lui avait préparé un fauteuil à la barre. Il refusa humblement de s'asseoir en présence de tant d'illustres personnages, mais, debout, il donna au Parlement, sur le ton le plus soumis, une série de conseils dont sa position faisait

(1) Macaulay. *Histoire d'Angleterre depuis le règne de Jacques II*, t. I, p. 161.

Charles II s'embarque pour l'Angleterre à Schevelingen.
Par Schut, gravure hollandaise. (Bibliothèque Nationale. Estampes.)

des ordres. Il représenta aux parlementaires l'urgence d'éloigner des emplois à la fois les *Cavaliers* et les *Fanatiques*. C'est ainsi qu'il désignait les sectaires, maîtres de la veille. Il raconta comment, assiégé sur sa route par une foule de pétitionnaires qui exprimaient le vœu de voir terminer la session, il leur avait répondu que son devoir était de protéger le Parlement contre toute violence, mais qu'en même temps, il les avait rassurés en leur rappelant la promesse, qu'avait faite cette assemblée elle-même, de mettre un terme à son pouvoir (1). Le *Parlement Croupion* entendit mal la leçon. L'attitude humble de Monk le trompa sur ses intentions réelles. D'autre part, le silence que gardait le général inquiétait et préoccupait les Londoniens. La veille de son arrivée, cavalerie et infanterie s'étaient battues dans le Strand. Les bagarres allaient-elles recommencer ? La Cité ne vit de salut que dans des élections qui renouvelleraient un pouvoir discrédité. Des manifestations s'organisèrent, réclamant de nouvelles élections et la dissolution de l'Assemblée. Alors, dupes de la souplesse de Monk, les parlementaires lui ordonnèrent de terrifier la ville. Le général, comprenant tout de suite les avantages qu'il pourrait retirer de cette consigne, l'appliqua dans toute sa sévérité brutale. Ses colonnes occupèrent la Cité comme prise d'assaut. Mais aussitôt il publiait sa lettre du 11 février, y reprenant les thèmes de ses discours du 5, signifiant à la Chambre qu'elle eût à voter des décisions rappelant ses membres exclus. Enfin, il déclarait se retirer dans la Cité, laissant des gardes pour veiller à la sûreté de la Chambre et du Conseil. En même temps, ceux qui avaient ses confidences rapportaient partout qu'en l'obligeant à marcher en armes dans la Cité et de lui retirer sa charte, on avait eu l'intention de les rendre, lui et ses officiers, odieux à la population (2).

(1) Guizot. *Monk*, p. 117.

(2) Pepys. *Journal*, 11 février 1659. Il convient de rappeler ici que les dates de Pepys sont celles de l'ancien calendrier. Il s'agit donc du 21 février 1660.

Aussitôt que ces déclarations furent connues, toute l'Angleterre devint ivre de joie. Le journal du bon bourgeois Pepys est l'écho de ces émotions : « J'ai vu, raconte-t-il après avoir analysé les événements de la journée, beaucoup de gens donner à boire aux soldats, leur offrir de l'argent et crier dans les rues : « Que Dieu les bénisse ! » et tenir maints bons discours... Dans Cheapside, il y avait de nombreux feux de joie et toutes les cloches des églises étaient en branle. J'ai compté 14 feux de joie entre Saint Dunstan et Temple Bar, et 31 au pont du Strand et 7 ou 8 dans King's Street. La foule se rassemblait autour de ces feux où rôtissaient les trains de derrière de tous les quartiers de viande enlevés chez les bouchers, et l'on n'oubliait pas les rasades. Les bouchers de May-pole dans le Strand imitaient le son des cloches, tout en dépeçant leur train de derrière. A Ludgatehill un étalier faisait tourner une broche chargée d'un quartier de viande qu'un camarade arrosait. On ne peut se figurer l'effet et la promptitude de l'événement. A l'autre bout de la rue, tout semblait en feu, et la chaleur était si intense que nous fûmes forcés de faire un détour pour continuer notre chemin (1). »

Monk se rendit au Guildhall pour accentuer par une nouvelle démarche l'attitude qu'il venait de prendre. « La dernière fois, dit-il, que je suis venu chez vous, c'était pour la plus désagréable besogne que j'aie faite en ma vie. Rien ne pouvait être plus contraire à mon penchant et aux obligations que j'ai à la Cité. Mais, comme ce qui est fait est fait, je ne puis qu'être très fâché de l'affront que vous avez souffert contre ma volonté. J'ai conformément à vos désirs écrit ce matin au Parlement, qu'il eût avant sept jours à expédier les décrets pour remplir les sièges vacants (2) et à fixer au 6 mai le jour de la dissolution, afin de faire place

(1) Les citations du *Journal de Pepys* sont empruntées à la traduction inédite, et malheureusement incomplète, de Mme Genevay.

(2) Au moment où l'armée avait confié le Gouvernement au *Parlement Croupion*, il n'y avait plus de présents à Londres que 42 membres (7 mai 1659).

à un Parlement libre et complet (1). » A ces paroles, la salle retentit d'acclamations et l'ale recommença à couler et le ciel à flamboyer toute la nuit, jusqu'à cinq milles de distance autour de Londres. Le *Parlement Croupion*, obligé de rappeler les membres exclus, se consolait du moins par la pensée que, plus que jamais, Monk déclarait qu'il s'opposerait de toutes ses forces au Gouvernement de Charles Stuart et au pouvoir d'un seul : « Qu'ai-je donc fait, disait-il d'un air bonhomme, en ramenant des membres exclus qui vous doive inquiéter? Si d'autres ont fort justement fait tomber la tête du roi sur l'échafaud, n'est-ce pas ceux-là qui l'y ont conduit? (2) » Malgré le soin qu'il prenait à les rassurer, les parlementaires conservaient quelque inquiétude. « Qu'avez-vous l'intention de faire? disait à Monk un de ses intimes. — Une république, je l'ai toujours voulue et je la veux encore. — Je dois vous croire, répondit l'ami, mais je ne puis m'empêcher de me rappeler le conte de ce tailleur de campagne qu'on rencontra un jour chargé d'instruments à travailler la terre. On lui demanda ce qu'il allait faire. « Prendre, dit-il, la mesure d'un habit. — Quoi! avec une bêche et une pioche. — Oui, c'est comme cela que l'on fait aujourd'hui (3). » De son côté, Pepys, qui voyait les soldats escortant les membres exclus à Westminster et entendait Monk haranguant à Whitehall et parlant contre Charles Stuart et en faveur de la République, commençait à trouver en lui-même, ainsi que ses amis, la force de manifester leurs sentiments royalistes. Le soir du 21 février, après dîner, il allait au café avec eux. Là, dans une chambre particulière donnant sur la rivière, « nous nous amusâmes à faire de la musique et j'entendis chanter des chansons espagnoles, italiennes et un canon pour huit voix, récemment composé par M. Locke, sur ces paroles : *Domine salvum fac*

(1) Guizot. *Monk*, 129.
(2) Guizot. *Monk*, 138.
(3) Guizot. *Monk*, 149.

regem (1). De nos fenêtres, nous contemplions avec bonheur la Cité toute flamboyante d'un bout à l'autre, les feux de joie si nombreux et nous entendions les cloches qui carillonnaient de tous côtés. » Quelques jours après, le 2 mars, il notait dans son journal : « La Chambre est en désarroi. Elle ne sait en quel nom publier les décrets pour l'élection du prochain Parlement et l'on prétend qu'en pleine Chambre, M. Price s'est écrié : « Au nom du roi Charles ! » Et tous les jours, l'impression s'accentuait. « Chacun boit ouvertement à la santé du monarque, ce qu'on n'osait faire il y a quelque temps. » Le portrait du roi Charles était accroché dans beaucoup de maisons, sans que les habitants fussent inquiétés. Quelques années avant, c'était un cas pendable, mais maintenant, le Parlement était si haï et si méprisé que l'on entendait les garçons bouchers crier : « qui veut acheter le train de derrière et les rognons du Parlement ? » Et l'on voyait de jeunes enfants faire des feux dans la rue pour brûler les trains de derrière. Vint le jour de la dissolution du Long Parlement. Un peintre monta sur une échelle et effaça à l'aide d'un pot de couleur et d'un pinceau l'inscription que l'on avait mise sous la statue de Charles Ier dans la Bourse Royale : *Exit tyrannus regem ultimus anno libertatis Angliæ anno domini 1648 XXX Januariæ* (2). Cela fait, le peintre jeta le pot et le pinceau en jurant qu'il ne se servirait plus de ces instruments qui avaient eu l'honneur d'effacer l'inscription des rebelles. Ensuite, il descendit de son échelle sans avoir été inquiété. Tout au contraire, les marchands témoignèrent leur contentement et la foule rassemblée autour du peintre alluma sur l'heure un feu de joie à la Bourse (3). A bord de la flotte, on s'exprimait très librement sur la restauration. L'amiral qui la commandait, Milord Mon-

(1) Seigneur, sauve le roi.

(2) Il n'est plus, le tyran, le dernier des rois, année de la liberté de l'Angleterre, année du Seigneur, 1648, 30 janvier.

(3) Rugghe. *Diurnal*, à la date du 16 mars 1660.

taigue, déclarait à Pepys que Monk était acquis au roi. On recevait à bord des *Cavaliers* qui allaient le rejoindre en Hollande.

Les négociations avec Monk était fort près d'aboutir. Lambert s'étant évadé, tandis qu'Ingoldsby le poursuivait, Monk avait appelé auprès de lui sir George Greenville, l'agent de Charles II : « Si Ingoldsby est battu, lui avait-il dit, et que l'armée se joigne à Lambert, je me déclarerai pour le roi, je publierai ma commission et je ferai armer tous les royalistes d'Angleterre, d'Écosse et d'Irlande. Ayez soin qu'on soit en mesure de recevoir mes ordres. » L'accord se fit sur les bases suivantes : Une amnistie générale, sauf envers ceux que le Parlement croirait devoir excepter, la promesse de consentir à tout acte jugé nécessaire pour garantir les ventes des biens et les arrérages de l'armée. Enfin, la liberté de conscience, autant qu'elle serait compatible avec le bon ordre. Les conditions de Monk étaient écrites. Mais, par excès de précautions, après les avoir fait lire au négociateur, Monk brûla le papier, en recommandant à George Greenville de ne les répéter qu'au roi et sans intermédiaire. Greenville s'embarqua sans retard, et se rendit à Bruxelles.

Cependant, l'enthousiasme des masses populaires avait assuré l'élection d'un Parlement qui répondait aux aspirations des électeurs. Les Presbytériens formèrent la majorité de la nouvelle Chambre. La restauration semblait faite, et l'unique difficulté, c'était l'humeur sombre et sauvage des soldats qui détestaient à la fois la royauté, les Stuarts, le presbytérianisme et l'Épiscopat. Il y avait là 50 000 hommes dont le mécontentement paraissait à ménager. Même sans chefs, même désunis, leur désespoir pouvait être redoutable. Monk et ses conseillers sentaient la nécessité de désarmer leur colère. Cantonnée depuis plusieurs mois dans Londres, séduite par les promesses, les flatteries et les procédés généreux de la population, l'armée d'Écosse était conquise. On entama par les mêmes procédés les régiments puritains et beaucoup de ces saints personnages crachèrent des versets de la Bible mélangés aux hoquets de l'ivresse. L'argent ne fut pas oublié non plus (1). Tous ceux qui travaillaient à l'œuvre de la restauration y trouvaient leur compte, puisque, aux richesses que leur avait values leur rôle dans la révolution, ils ajoutaient le prix de leurs services pour restaurer la monarchie (2). Le 11 avril, la corporation des pelletiers, lors de la fête offerte au général Monk, remplaçait les armes du Parlement par celles du roi (3). Le 22 avril, la corporation des merciers commandait une statue du roi qui devait être placée dans la Bourse (4). Dans tous les comtés, les milices bourgeoises étaient appelées sous les armes, prêtes à fournir 120 000 hommes. Londres seul équipait 20 000 citoyens que Monk passait en revue dans Hyde Park et c'est sous la protection de ces boutiquiers et de ces bourgeois que le nouveau Parlement s'assemblait à Westminster (5).

Depuis plusieurs mois, Charles II attendait l'instant favorable. Il avait d'abord attaché une grosse importance aux négociations suivies entre Mazarin et l'Espagne et desquelles il avait espéré voir sortir quelque combinaison diplomatique qui lui serait favorable. La reine Henriette-Marie s'était chargée de plaider sa cause auprès du cardinal, dût-elle pour la gagner solliciter pour son fils la main d'Hortense Mancini. Vaines espérances, Mazarin avait décliné pour sa nièce l'honneur de partager un trône

(1) Macaulay. *Hist. d'Angleterre depuis l'avènement de Jacques II*, t. I, p. 168.

(2) Pepys, par exemple, note dans son *Journal*, au 3 juin 1660, qu'il avait 20 livres en s'embarquant, qu'il en a maintenant 800. Au mois d'août, il constate que les profits résultant de son emploi sont bien supérieurs à ce qu'ils étaient du temps de Cromwell. Aussi se repent-il d'avoir été Tête ronde dans sa jeunesse, et n'aurait-il aucune fierté si quelque camarade lui rappelait le langage qu'il tenait le jour de la mort du roi.

(3) *Journal de Pepys.*

(4) *Journal de Pepys.*

(5) En même temps que s'assemblait la Chambre des Communes, les Lords reprirent siège dans la salle d'où ils avaient été chassés moins de onze ans avant.

qui n'était pas restauré, et l'envoyé espagnol, don Luis de Haro, s'était confondu en protestations stériles. Le traité des Pyrénées n'avait rien amené d'heureux pour Charles II et, après une courte visite à Colombes où sa mère et sa sœur avaient fixé leur résidence, il était retourné à Bruxelles pour y attendre les événements (1). Malgré son refus d'une intervention personnelle, Mazarin suivait et faisait suivre avec beaucoup d'intérêt par son ambassadeur à Londres, M. de Bourdeaux, les fluctuations de l'opinion et les actes de Monk. Un moment même, il lui parut utile de jouer un rôle actif. M. de Bourdeaux fit appeler Clargis et dans le mystère de son cabinet lui fit des ouvertures précises : « Le général, lui dit-il, a quelque grand dessein. Tout le monde le voit. Il veut sans doute, ou se faire roi lui-même, ou ramener le roi. Eh bien, dans ces deux cas, personne ne peut lui rendre les mêmes services que moi. Un Anglais se compromettrait; moi je ne cours aucun risque. Mais ce n'est pas de moi qu'il s'agit, c'est du cardinal, car, il convient que vous le sachiez, le cardinal a été l'allié intime d'Olivier Cromwell. Cromwell n'a pris le pouvoir qu'avec sa participation, c'est le cardinal qui l'a guidé pas à pas dans toute cette affaire. » Clargis éluda, se disant un trop petit personnage pour s'occuper de si grands intérêts. Quant à son beau-frère, il s'en remettrait à la décision du Parlement (2). Mazarin était entré trop tard en ligne; personne n'avait besoin de son concours.

Le 1er mai 1660, cette comédie qui ne trompait plus personne prit fin. Ce jour-là, Pepys, qui était à Deal, note que la ville était en fête. « Les drapeaux du roi flottaient au haut des arbres du mai. Les habitants à genoux ont bu à sa santé dans la rue et ont tiré le canon, malgré les soldats du château qui les menaçaient très mollement, à ce qu'il paraît. » A Londres, Greenville se présentait à la

(1) Comte de Baillon. *Henriette-Anne d'Angleterre, duchesse d'Orléans*, p. 27-29.

(2) Guizot. *Monk*, 155.

Charles II débarque à Douvres.
Tableau de West, gravure de Sharp. (Bibliothèque Nationale. Estampes.)

porte du Conseil d'État. Monk prit ses lettres, en feignant une vive surprise à la vue du cachet du roi et en ordonnant à Greenville, d'un ton sévère, de rester à la porte sous la surveillance des gardes. Les lettres de Charles II, rédigées sur les indications de Monk, lui avaient été communiquées officieusement le matin par l'envoyé du roi. Charles II fut reconnu aussitôt dans les deux Chambres (1). Une grande effervescence régnait à Londres toute la journée. « Le soir, note Pepys dans son *journal*, nombreux feux de joie et sonneries de cloches. Beaucoup de gens buvaient à genoux à la santé du roi, ce qui me paraît un peu exagéré. Enfin la joie était générale. Nos officiers supérieurs (de la flotte) qui, la semaine dernière, étaient impénétrables, se déclaraient ouvertement pour le roi, et ceux de nos matelots qui ont de l'argent ou du crédit n'ont cessé de boire toute la soirée. » Le 6 mai, pour engager la milice, on la réunit à Hyde Park. « Le général, rapporte une dépêche de Bourdeaux à Mazarin, ne s'y trouva pas, ayant été prié par le Conseil de ne pas s'exposer. Il y eut quelques régiments qui crièrent : « Vive le roi d'Angleterre » et l'inclination de tout le peuple ne lui est pas aujourd'hui moins favorable qu'elle fut contraire au roi défunt au commencement de la guerre (2) ». Le 8 mai, Charles II était proclamé dans Londres. Monk lui faisait voter 50 000 livres sterlings, fournies 10 000 en or par la Cité et le reste en traites sur Amsterdam. Greenville les emporta avec lui à bord de la flotte qui, sous le commandement de l'amiral Montague, depuis Lord Sandwich, allait sur les côtes de Hollande saluer le roi. Le 13 mai, les députés du Parlement qui voulaient s'embarquer n'eurent qu'un convoi sans escorte. En attendant leur arrivée, c'était à qui, des royalistes anciens ou nouveaux, s'empresserait le plus pour faire agréer ses services. Chacun offrait des dons, chacun adhérait avec enthousiasme, désireux de faire oublier les compromissions

(1) Guizot. *Monk*, 163.
(2) Guizot. *Monk*, p. 351.

du passé. Chacun ne songeait qu'à venger ses insultes personnelles, les Presbytériens se séparant avec éclat des républicains et des indépendants et Monk eut grand peine à faire réduire à sept le nombre des régicides qui ne seraient pas compris dans l'amnistie (1).

Charles II, cependant, s'était rendu à Bréda, à la Cour de sa sœur la princesse d'Orange et c'est là qu'il attendait la solution de la négociation engagée (2). Depuis la fin d'avril, il n'était bruit que des événements qu'on attendait, et le crédit du jeune roi, fort médiocre quelques semaines avant, subissait déjà l'influence de ses espoirs. Il avait pu commander à un tailleur de Paris, Seurgean, des habits pour l'été dont sa sœur Henriette-Anne devait choisir les rubans, la garniture et les plumes. Mais, en attendant, il était assez mal nippé. Fils de tailleur, Pepys a soigneusement noté, d'après le témoignage d'Edwards Pickering, tailleur lui-même, dans quelle pénurie de vêtements et d'argent les envoyés de Milord Montaigue, amiral de la flotte, avaient trouvé le roi et sa suite. « Leurs meilleurs habits, dit-il, ne valaient pas 40 shellings. Le roi, transporté de joie à la vue de la somme que lui apportait sir G. Greenville, fit appeler la princesse royale (la veuve du prince d'Orange) et le duc de Gloucester et ne voulut pas qu'on retirât ce trésor du portemanteau avant qu'ils l'aient contemplé (3) ». Bientôt, la flotte fut en vue de Schevelingen. Pepys, embarqué avec Milord Montaigue, fournit les détails les plus circonstanciés sur les premières audiences du roi et des ducs, ses frères. « Je cherchai, raconte-t-il à la date du 17 mai, quelqu'un qui pût me faciliter le moyen de voir le roi incognito et fus assez heureux pour rencontrer le capitaine Whithington... Il me conduisit, moi et le jeune Edward Montaigue, en présence du roi, qui em-

(1) Guizot. *Monk*, 155.

(2) Comte de Baillon. *Henriette-Anne d'Angleterre, duchesse d'Orléans*, p. 33.

(3) *Journal de Pepys*.

brassa l'enfant très affectueusement. Puis, nous baisâmes la main du duc d'York, celle de la princesse royale. Sa Majesté a l'aspect sérieux. Sa cour composée de grands seigneurs est vraiment splendide. Tous les Anglais sont revêtus d'habits somptueux. » Évidemment Seurgean, assuré qu'il serait payé, avait bien fait les choses. Cinq jours plus tard, les ducs vinrent visiter la flotte. « Le duc d'York, raconte Pepys, portait un costume orné de jaune, le duc de Gloucester était vêtu de rouge et de gris. Milord (1) alla en bateau à leur rencontre; le capitaine, moi et d'autres personnes, nous nous tînmes à la coupée. Dès qu'ils eurent mis le pied à bord, tous les vaisseaux de la flotte les saluèrent de coups de canon. Les princes firent l'inspection du nôtre et se montrèrent très satisfaits. Je les trouve tous d'élégants cavaliers. Après ceci, abrités par une tente sur le gaillard d'avant, le duc d'York, Milord, M. Coventry et moi, passâmes là à désigner pour chaque navire son service pour le retour en Angleterre. Au dîner, les deux ducs se placèrent au haut bout de la table ayant à leurs côtés milord Opden et milord Sandwich. Chaque fois que l'on buvait à la santé du roi ou à celle du duc, on entendait deux décharges. Pendant le repas des ducs, le joueur de harpe du capitaine Sparling fit une excellente musique. Milord et les ducs s'embarquèrent et je les suivis dans une barque en compagnie du vice-amiral et du contre-amiral. Ils retournèrent à terre sur le bateau hollandais qui les avait amenés et je réussis à trouver une place avec eux. Arrivé au rivage, Milord prit congé d'eux et revint sur son bateau, accompagné de M. le général Pen et moi. Il paraissait enchanté de sa journée. Lorsque nous revînmes à bord, Milord, à la nouvelle de la présence du roi sur le rivage, fit décharger tous ses canons deux fois, l'un après l'autre, et toute la flotte suivit son exemple, ce qui produisit

(1) Pepys désigne toujours ainsi Lord Montaigue, comte de Sandwich, dont il était le petit parent et en quelque sorte l'intendant. Montaigue avait fait sa fortune, en le plaçant parmi les commis de la Marine.

un désordre général d'un effet indescriptible. Je voulais témoigner par moi-même de mon enthousiasme et, en mettant le feu à un canon placé en face de ma cabine, je manquai perdre l'œil droit. C'est la première fois, depuis le changement de choses, que le roi est salué par ses vaisseaux. Les détonations retentirent toute la journée. » Le lendemain, le roi vint à bord. « Dans la matinée, raconte Pepys, nous reçûmes beaucoup de gens de la suite du roi. Milord, M. Crewe et d'autres allèrent à terre, à la rencontre du roi, et l'on me raconta que lorsque sir R. Stayner amena ce prince dans le bateau, celui-ci, qui voyait Milord pour la première fois, l'embrassa très affectueusement. Le roi, les deux ducs, la reine de Bohême, la princesse royale et le prince d'Orange montèrent à bord. Je ne baisai que la main du roi, celle de la reine et de la princesse, m'étant déjà acquitté de ce devoir envers les autres princes. Beaucoup de décharges dans la journée, dans un désordre calculé, qui produisirent un fort bon effet. Grand nombre de visiteurs de la plus haute distinction, des lords, des gentilshommes, etc., etc. Le dîner fut servi en grand apparat pour la famille royale dans la Chambre du Conseil. Après le repas, le roi et le duc changèrent le nom de plusieurs vaisseaux. Le *Naseby* s'appellera le *Charles*, le *Richard* le *James*, le *Speaker* le *Mary*, le *Dunbar* qui n'est pas encore avec nous le *Henry*, le *Wynsly* le *Happy Return*, le *Wackefield* le *Richmond*, le *Lambert* la *Henriette*, le *Cheriton* le *Speedwell*, le *Bradford* le *Success*. Ceci fait, la reine, la princesse royale et le prince d'Orange prirent congé du roi et le duc d'York passa à bord du *London*, le duc de Gloucester à bord du *Swiftsure;* nous levâmes l'ancre par un temps superbe et, poussés par un bon vent, nous voguâmes vers l'Angleterre. »

En débarquant à Douvres, au milieu de l'enthousiasme général, Charles eut un bon mot. « En vérité, si je ne suis pas revenu plus tôt, c'est évidemment ma faute, car je ne trouve personne en Angleterre qui ne m'assure qu'elle a toujours désiré mon retour (1). » Le jour de l'entrée du roi à Londres, une troupe brillante de volontaires parée de plumes et d'écharpes défilait bruyamment, se rendant au-devant de lui. Quelqu'un dit à Monk : « Vous n'aviez pas de soldats de cette espèce en quittant l'Ecosse? — C'est, repartit le général, que les sauterelles et les papillons ne paraissent pas pendant la gelée (2). »

A Paris cependant, la reine Henriette-Marie attendait impatiemment des nouvelles. Avant de s'embarquer, Charles II était venu lui faire visite incognito à Sainte-Marie de Chaillot. La mère et le fils y dînèrent ensemble au réfectoire du monastère, servis par les religieuses et, après le départ du roi d'Angleterre, Henriette assista, dans la chapelle de la communauté, au salut solennel chanté pour appeler les bénédictions du ciel sur le trône rétabli par miracle. Les soucis d'Henriette avaient un côté personnel. Les Anglais ne verraient-ils pas d'un mauvais œil son retour dans un royaume qu'avait, disait-on, perdu sa fatale influence? M. de Bourdeaux reçut ordre de Mazarin de tâter le terrain à ce point de vue. Il répondait le 13 mai : « Les mauvais offices que quelques-uns ont voulu rendre à la reine n'ont point eu d'effets, et il y eut une entière disposition à lui accorder tout ce qu'elle peut désirer d'Angleterre. J'ai été prié de lui faire tenir une lettre de la femme du général, en réponse à celle qu'elle en avait reçue. Son retour balancera, comme l'on croit, le pouvoir du chancelier, et déjà les partis paraissent tout formés. Ce sera de quoi exercer les esprits après le retour de la Cour (3). »

Le lendemain de son débarquement à Douvres, le roi écrivait à sa sœur Henriette-Anne, de Canterbury : « J'étais si tourmenté des affaires à La Haye que je ne pouvais pas vous écrire avant mon départ, mais j'ai laissé ordre avec ma sœur (la princesse d'Orange) de vous envoyer un petit

(1) Eugène Despois. *Révolutions d'Angleterre*, 155.

(2) Guizot. *Monk*, 173.

(3) Guizot. *Monk*, 358.

présent que, j'espère, vous recevrez bientôt. J'arrivai hier à Douvres, et j'y trouvai Monk et une grande quantité de noblesse qui m'ont accablé d'amitiés et de joie pour mon retour. J'ai la tête si furieusement étourdie par les acclamations du peuple et la quantité d'affaires que je ne sais si j'écris du sens ou non. C'est pourquoi vous me pardonnerez si je ne vous en dis pas davantage, seulement que je suis tout à vous (1). » A la réception de cette lettre, la reine répondit de Colombes : « Vous pouvez juger de ma joie et, si vous êtes déchiré en Angleterre de tendresses, j'en ai ma part en France aussi. Je m'en vais dans cet instant à Chaillot faire chanter le *Te Deum*, et de là à Paris faire faire nos feux de joie. Nous les fîmes hier ici : je crois que j'aurai tout Paris. En vérité, vous ne sauriez vous imaginer la joie qui y est. Il faut parmi cela louer Dieu; tout ceci est de sa main, vous le pouvez voir (2). » Le soir, en effet, tous les amis de la Maison de Stuart étaient venus au Palais-Royal. « La reine, rapporte sir John Reresby, afin que la Cour de France pût prendre part à son bonheur, crut devoir donner une fête somptueuse où furent invités ensemble les seigneurs français les plus connus et les gentilshommes anglais, à quelles opinions qu'ils appartinssent. La reine me donna l'ordre de danser avec la nièce du cardinal, la belle Hortense Mancini. La Cour de notre reine était alors bien plus animée et plus agréable que celle des reines de France; son esprit et sa bonne humeur, ainsi que la beauté et la grâce de la princesse sa fille, ne devaient-ils pas être autrement attrayants que la rigidité de l'étiquette espagnole qui sévissait dans les deux Cours (3). »

(1) Le texte authentique de cette lettre est emprunté au superbe ouvrage de J. J. Foster, *The Stuarts*.

(2) Comte de Baillon. *Lettres de la reine Henriette-Marie*, 234.

(3) John Reresby. *Mémoires* (trad. inédite).

III

Justes Noces.

L'AMBASSADEUR de Bourdeaux ne s'était pas trompé sur ce qui allait « exercer les esprits » dès le retour de la Cour. Deux partis s'étaient aussitôt formés. L'un se groupait derrière le général Monk. C'était celui des Restaurateurs qui présentait respectueusement au roi la liste des hommes qui pourraient utilement le servir. Cette liste, rédigée par Morrice, le principal confident de Monk, ne portait, à part le marquis d'Hartford et le comte de Southampton, que des chefs presbytériens, des hommes du parti national ou de nouveaux venus, sortis d'une situation inférieure, et qui avaient appris sous le gouvernement républicain à bien conduire les affaires. La communication de cette liste avait fortement ému Charles II et le chancelier Hyde. Le futur comte de Clarendon, que ses services passés faisaient chef naturel du clan des royalistes et qui marchandait à toute heure leurs exigences, fut consterné de voir naître celles des républicains, et surtout de les voir présenter par un homme à qui on ne pouvait rien refuser. Il demanda donc à Morrice de faire entendre au général que la dignité du roi se trouverait compromise si l'on supposait que ces choix lui avaient été imposés. Morrice s'empressa de déclarer que la liste n'avait été faite que pour rendre service au roi et que le général s'en désintéressait. Ce fut pour Charles et son ministre un vrai soulagement (1). On fit cependant, dans les distributions d'emplois et de titres, une part assez belle aux hommes nouveaux et aux presbytériens, au grand

(1) Guizot. *Monk*, 168.

mécontentement des royalistes de vieille date qui prétendaient traiter l'Angleterre comme terre conquise.

Le comte de Clarendon s'était de tout temps fait des ennemis par sa rudesse, sa hauteur, et la sévérité dont il usait avec tous, y compris le roi. Mais, tandis que Charles II, d'une part intimidé par le ministre, de l'autre conscient des services rendus par son vieux serviteur à la monarchie, admettait et souffrait toutes ses boutades, le monde des courtisans n'en usait pas de même. Il trouvait sans cesse le comte de Clarendon barrant la route à ceux qui avaient vu dans la restauration hallalis et curées. Une conjuration se forma donc pour briser l'orgueil de Hyde. On résolut de l'attaquer dans sa famille et dans l'honneur de sa fille.

Le duc d'York.
Portrait par Simon Luttichuys, gravé par Van Dalen junior.
(Bibliothèque Nationale. Estampes.)

Il était de notoriété publique qu'Anne Hyde était depuis de longues années en relations intimes avec le duc d'York. C'était en 1654 que le duc avait connu la jeune fille à la Cour de La Haye. Elle avait alors quinze ans, et tandis que son père, installé à l'île de Jersey, centralisait les correspondances royalistes, on avait fait d'elle une fille d'honneur de Marie d'Orange. « Outre les grâces de sa personne, a écrit Jacques II dans son autobiographie, elle possédait toutes les qualités propres à enflammer un cœur moins disposé à s'allumer que celui de Jacques, et la passion qu'il avait conçue pour elle en arriva à ce point qu'entre le premier jour où il la vit et l'hiver qui précéda la restauration du roi, il résolut de n'épouser qu'elle et il le lui promit ». Charles II, à qui il s'ouvrit de ses projets, y refusa son consentement le 18 septembre 1658. Néanmoins, les relations du duc et de la jeune fille continuèrent et les jours s'écoulant sans que la restauration désirée parût prochaine, elle s'abandonna à lui, confiante en sa parole, après un mariage secret. Au moment de la restauration, des signes de grossesse étaient devenus apparents et Anne Hyde pressait le duc d'York de déclarer leur mariage. Ce fut le moment que choisit la cabale pour tâcher de brouiller le roi avec son chancelier, en même temps qu'on tentait de démontrer au duc d'York qu'il était la dupe d'une fille de mauvaise vie qui voulait lui faire endosser des responsabilités qui n'étaient point siennes. Le roi circonvenu chargea le comte de Southampton et le marquis d'Ormond d'avoir avec Clarendon une explication sur l'attitude qu'il entendait prendre et sur les conseils qu'il donnait au roi en cette circonstance. Charles II ne paraissait pas mettre en doute l'existence d'un mariage secret. Clarendon répondit avec la dureté de son caractère que si les faits que l'on énonçait étaient exacts, il n'hésitait pas pour les conseils qu'il avait à donner. Si sa fille était la maîtresse du duc d'York, il n'était certes pas obligé de garder dans sa maison la prostituée du plus grand prince du monde. S'il y avait eu mariage sans le consentement de son maître, il fallait que le roi envoyât immédiatement cette femme à la Tour et ordonnât qu'elle fût mise dans un cachot et si étroitement gardée qu'âme vivante ne pût parvenir jusqu'à elle. Ensuite, un acte du Parlement la condamnerait à perdre sur le champ la tête, et comme ses interlocuteurs trouvaient cet avis bien dur de la part d'un père, il se déclara prêt à proposer l'acte au Parlement. Le roi entra en ce moment dans la chambre où avait lieu la conversation et, voyant aux yeux gonflés de larmes du chancelier, que ses envoyés l'avaient mis au courant des choses, il demanda à Southampton si l'on avait pris une détermination. « Il faut, répondit Southampton, que Votre Majesté confère avec des gens plus sages, car, pour celui-ci, dit-il en désignant le chancelier, il est tout à fait fou. Il a proposé des choses si extravagantes qu'il n'y a plus moyen d'en causer avec lui (1) ».

La crise dura plusieurs semaines, coupée par la maladie du duc de Gloucester, frère du roi qui, au lendemain du sacre, venait de mourir à Londres de la petite vérole. La reine Henriette-Marie, excitée par la princesse d'Orange, furieuse de trouver une future belle-sœur en son ancienne fille d'honneur, intervenait par des lettres énergiques, pressant le roi de rompre des liens qu'elle ne voulait admettre sérieux et qui étaient à ses yeux un outrage à la dignité royale. Elle annonçait sa prochaine arrivée en Angleterre et, avant de quitter Paris, elle adressa au duc d'York une lettre de reproches violents et en outre, à Charles II, une missive où elle menaçait de porter plainte au Parlement contre le chancelier (2). De Calais, où elle allait s'embarquer, elle faisait ses adieux à Mazarin, qui, en homme expert à briser les jeunes amours, l'avait conseillée. « J'ai reçu, lui disait-elle, toutes les assurances d'amitié du roi mon fils que je puis souhaiter pour le duc d'York s'il se conforme à tout ce que je lui ai proposé. C'est pourquoi je me gouvernerai avec lui comme vous avez

(1) Clarendon. *Mémoires*, II, p. 6.

(2) Le duc de Gloucester avait aussi pris parti contre le duc d'York, disant d'Anne Hyde : « Je ne pourrai jamais m'asseoir dans la même chambre qu'elle, elle sent trop le sac vert de son père. » Jesse. *Memoirs*, II, p. 41.

trouvé à propos (1) ». Au moment de l'embarquement, le duc d'York, lord grand amiral de la flotte qui devait la recevoir à son bord, se présenta à elle en fils contrit. « J'ai été, lui dit-il, assez puni par l'indignité de la conduite de cette femme, dont j'ai eu de telles preuves que je ne veux plus la revoir. Comment reconnaître encore pour mon épouse celle qui m'a si lâchement trahi? » La reine dut être agréablement surprise d'un pareil revirement. Comment s'était-il produit si rapidement, alors que l'indécision du roi laissait place à toutes les espérances? C'est qu'elle laissait aussi le champ libre à toutes les combinaisons les plus viles.

Le parti des adversaires de Hyde avait fini par gagner un des officiers les plus dévoués au duc d'York et qui en même temps était éperdument amoureux d'Anne Hyde. Il l'avait convaincu qu'il était de la gloire de ce prince de ne point épouser la fille du chancelier. On avait réussi à amener sir Charles Berkeley à se présenter un matin dans la chambre du duc d'York et à lui jouer une ignoble comédie. Berkeley déclarait d'un ton piteux qu'il était obligé en conscience de garantir son maître du danger de prendre une femme si complètement indigne de lui. Lui-même avait couché avec elle et, pour l'amour du duc, il consentirait à l'épouser quoiqu'il sût très bien les familiarités qu'elle avait eues avec le prince. Il estimait d'ailleurs que l'enfant dont Anne Hyde allait accoucher était de ses œuvres (2). Ébranlé par ce discours et par les lettres de remontrances de sa mère, le duc d'York s'était résolu à ne plus revoir Anne Hyde. Cependant, on avait obtenu du chancelier qu'il ne chassât point sa fille de chez lui. Le hasard fit que le roi était en comité de conseil chez le chancelier quand on vint annoncer à celui-ci que le travail de la délivrance allait commencer. Charles II, qui avait eu la preuve qu'un mariage secret avait été célébré à

(1) Lettre du 7 novembre.
(2) Clarendon, *Mémoires*, II, p. 17.

Breda le 24 novembre 1659, envoya à cette nouvelle chercher la marquise d'Ormond, la comtesse de Sunderland et d'autres dames connues par leur honneur et leur fidélité à la couronne afin qu'elles assistassent aux couches. Après plusieurs heures de souffrances, Anne Hyde mit au monde un fils. Dans les intervalles des plus grandes douleurs, et parfois même au moment où elle les éprouvait, l'évêque de Winchester, qui était aussi présent pour tâcher, semble-t-il, de lui arracher des aveux, lui demanda de qui était l'enfant. Anne Hyde, constante dans ses déclarations, protesta qu'il était du duc. L'évêque lui demandant si elle n'avait jamais connu d'autre homme, elle le nia et repoussa cette idée avec la plus grande vivacité, disant qu'elle était assurée que le duc ne le croyait pas. Enfin, comme l'évêque de Winchester s'enquérait si elle était réellement mariée au duc, elle affirma qu'elle l'était et qu'elle avait, de la chose, un certain nombre de témoins suffisants, qui l'attesteraient lorsqu'il en serait besoin (1).

Le récit de cette scène, tel que le rapportaient les témoins émus qui y avaient assisté, produisit quelque revirement dans l'opinion qui suivait avec intérêt les phases de ce scandale tapageur. Au bruit d'une plainte portée par la reine-mère au Parlement, on opposa la nouvelle que le chancelier se préparait de son côté à porter plainte et à produire les témoins de ce mariage. On se servit aussitôt, dans le clan des adversaires de Clarendon, de cette rumeur pour peser sur l'esprit soupçonneux du duc d'York. Sur ces entrefaites, le duc rencontrant le chancelier lui demanda un moment d'entretien particulier. Le chancelier suivit aussitôt le duc chez lui, et là le prince lui déclara, avec beaucoup de chaleur, qu'il avait été informé de son projet de former une plainte contre lui au Parlement et que s'il s'en avisait, ce serait tant pis pour lui. Il ajouta des menaces sur ce qu'il ferait plutôt que de supporter un tel affront. Quant à Anne Hyde, après l'indignité de sa con-

(1) Clarendon. *Mémoires*, II, p. 17.

duite envers lui, dont il avait reçu des témoignages aussi convaincants que ceux de ses propres yeux, et qui ne lui permettaient plus d'avoir aucun doute, personne ne pouvait le blâmer de la manière dont il agissait avec elle. Le chancelier avait écouté froidement tout ce flot de paroles de colère. Il répliqua que les rapports faits au duc étaient faux. Si, ajoutait-il, Son Altesse s'était conduite à son égard ou contre lui autrement qu'elle n'aurait dû le faire, il existait un pouvoir aussi élevé au-dessus de Son Altesse, qu'elle-même l'était au-dessus de lui et qui se chargerait du jugement et de la punition. Quant à lui, il savait trop bien de qui le duc était né et de qui il était frère pour manquer à son égard à la soumission et au respect qui lui étaient dus et qu'il aurait soin de lui rendre toujours. Quant à sa fille, ce n'était pas à lui de la défendre des calomnies et des imputations les plus invraisemblables. Elle l'avait trop offensé et trompé pour qu'il pût se regarder comme bien assuré qu'elle n'était pas capable d'en tromper un autre; il laisserait le soin de la justifier au Tout-Puissant sur la bonté duquel il compterait toujours, aussi longtemps qu'il n'aurait rien à se reprocher (1).

Il n'était bruit dans Londres que de l'histoire du duc d'York. Pepys, dînant chez Montaigue le 7 octobre, constate que tout le temps du repas, Milord ne fit que lui parler en français sur le duc d'York. On racontait que le prince avait volé dans le cabinet d'Anne Hyde une promesse de mariage signée de son sang. « Le roi, concluait Pepys, veut le mariage; le duc n'y veut pas consentir. C'est une triste affaire pour eux tous. Milord prend légèrement la chose, sous prétexte que le duc a commis de semblables fredaines à l'étranger. » Charles II était, en effet, le seul qui eût pris le parti de la jeune femme, déclarant qu'il l'estimait très injustement outragée. Il est vrai que Pepys note, vers cette même date, que le duc d'York et Mme Palmer avaient des conversations légères, à travers les tapisseries

(1) Clarendon. *Mémoires*, II, p. 21.

qui séparaient la tribune du roi de celle où se trouvaient les dames, et chacun savait déjà à la Cour que si Charles II avait eu dix-sept maîtresses pendant son exil, Barbara Palmer, mariée à un brillant cavalier était sans contredit la dix-septième sur la liste du Don Juan royal.

Quoi qu'il en soit, la victime de cette triste intrigue allait être solennellement vengée. « On s'attend, notait Pepys dans son *journal* le 10 décembre, à ce que le duc épouse enfin la fille du chancelier. Ce sera la ruine de Milord Berkeley qui a été jusqu'à jurer que lui et bien d'autres avaient eu les faveurs de la future duchesse, mais on regarde cette assertion d'un homme qui s'est montré si ouvertement l'ennemi du chancelier comme un mensonge». Le 18 décembre, la duchesse d'Orange, qui dans toute cette affaire s'était constituée la plus redoutable ennemie d'Anne Hyde, fut attaquée d'un mal qu'on méconnut durant les premiers jours, mais que les médecins reconnurent bientôt être la petite vérole. C'était, à la fin du XVIIe siècle, une des maladies les plus terribles et à laquelle on échappait rarement. La situation de la malade ne tarda pas à s'aggraver et, à son heure dernière, pour satisfaire aux remords de sa conscience, la mourante proclama la parfaite innocence de la femme qu'elle avait calomniée (1). Cet aveu *in extremis* produisit une émotion profonde à la Cour. Deux jours après, le 26 décembre, Berkeley se présentait au duc d'York que tant de secousses avaient rendu malade. « J'avais pensé, avoua-t-il, qu'un mariage avec une simple demoiselle serait la perte de Votre Altesse royale et qu'en même temps il vaudrait mieux pour la fille du chancelier avoir un époux d'un rang pareil au sien, mais, ayant reconnu que la calomnie

(1) Veuve à vingt ans, la princesse d'Orange, que sa mère avait voulu marier avec Louis XIV, quelques années avant, avait été séduite par la beauté d'Henri Jermyn, neveu du comte de Saint-Albans qui, soutenu de l'opulence de son oncle, faisait « une figure considérable » à sa cour. Jermyn avait aussi courtisé Mlle Hyde et, en attaquant celle-ci, Marie d'Orange vengeait des griefs personnels.

avait frappé au cœur mon maître, je viens lui confesser la vérité et solliciter son pardon ». Le duc d'York embrassa le capitaine de ses gardes. Il était trop heureux pour ne pas lui pardonner, mais dans le public anglais on fut un peu étonné cependant de voir Berkeley conserver sa faveur.

Les jours qui suivirent furent employés à des négociations propres à amener la reine-mère à accepter les décisions de ses fils. L'hostilité qu'elle montrait au mariage du duc d'York, se trouva dissipée tout à coup. Clarendon rapporte dans ses *Mémoires* qu'il reçut un beau jour la visite de l'abbé Montaigue qui était chargé de lui expliquer ce changement de front. Il provenait d'une lettre qu'elle avait récemment reçue du cardinal Mazarin et dans laquelle il lui disait positivement qu'elle ne serait pas bien reçue en France si elle quittait l'Angleterre brouillée avec ses fils et se déclarait l'ennemie des ministres en qui le roi avait le plus confiance. Mazarin relevait les services rendus par le chancelier et conseillait à la reine de consentir à ce qu'on ne pouvait plus éviter et de se réconcilier sans arrière-pensée avec ses enfants et avec ceux en qui ils avaient mis leur confiance (1). Henriette-Marie, qui se proposait de repartir pour la France dans les premiers jours de l'année 1661, obéit aux conseils de Mazarin. Ensuite, on invita le chancelier à aller voir la reine-mère par l'entremise de laquelle un accommodement était possible. Clarendon alors offrit sa démission à Charles II, disant que puisqu'il avait mal jugé dans cette affaire, son esprit devait être affaibli et qu'il devait se retirer. Charles II le pria de conserver les sceaux (2). L'accord fait dans la famille royale, le jour de l'an, le duc d'York alla prendre la duchesse chez le chancelier, son père, à Worcesterhouse et la conduisit en grande cérémonie à Whitehall. Au moment où la reine-mère se rendait dans la salle du banquet, la dame s'agenouilla devant elle, Henriette la releva

(1) Clarendon. *Mémoires*, II. p. 28.
(2) Clarendon. *Mémoires*, II, p. 34.

Barbara Palmer, comtesse de Castlemaine, duchesse de Cleveland.

Portrait par Peter Lely, gravé par Thomas Wright.

5

et, l'embrassant, la conduisit à sa table. Le soir, dans son audience d'adieu dans sa chambre, à Whitehall, elle fit asseoir la duchesse à ses côtés et, quand le chancelier se présenta, la reine tint à lui donner audience en tête à tête. Elle le combla d'éloges et lui déclara recevoir Anne comme sa fille. « Je lui pardonne du fond du cœur ainsi qu'à mon fils, conclut-elle, et je veux désormais leur témoigner à tous deux l'entière affection d'une mère ». Le revirement, dicté par Mazarin à Henriette-Marie, lui était imposé par la nécessité où elle se trouvait de s'assurer le concours du chancelier pour le mariage de sa fille. Lord Clarendon ne fut pas dupe de cet apaisement. Il n'ignorait pas que la reine faisait élever à Paris, sous ses yeux, l'enfant que Charles II avait eu de Lucy Walters et il se préoccupa d'établir les droits de son petit-fils. En février 1661, s'il en faut croire Pepys, « il fit comparaître le duc d'York, la duchesse, sa suivante, Milord Ossory et un docteur, devant les principaux juges du royaume, pour leur faire affirmer sous serment toutes les circonstances du mariage. Il fut prouvé que le duc ne s'était marié que peu de temps avant les couches de la demoiselle. Mais, ajoute Pepys, les amoureux étaient engagés depuis assez longtemps pour que l'enfant soit légitime (1) ». Quelques années plus tard, les ennemis du chancelier n'avaient pas pris leur parti de ce mariage et Pepys rapporte, à la date du 4 novembre 1666, que Monk, duc d'Albemarle, étant ivre, dit un jour à Trontebecke que le mariage de Nan Hyde avec le duc d'York lui avait toujours paru une chose surprenante. Trontebecke avait aussi sa charge de vin. « Si vous voulez me régaler d'une autre bouteille, répliqua-t-il, je vous ferai part d'un plus grand miracle. » Et la bouteille apportée, il s'expliqua : « C'est que notre sale Bess soit devenue duchesse d'Albemarle (2) ».

(1) *Journal de Pepys* à la date du 23 février 1661. L'enfant du duc d'York mourut le 6 mai 1661.

(2) *Journal de Pepys*.

Le voyage d'Henriette-Marie, qui avait complètement échoué sur le terrain de l'opposition au mariage du duc d'York, avait, à un autre point de vue, produit tous ses résultats. Un des premiers contrecoups de la restauration avait été le mariage d'Henriette d'Angleterre. « C'était une délicieuse petite princesse. Sa beauté, dit Mme de Motteville, n'était pas des plus parfaites, mais toute sa personne, quoiqu'elle ne fût pas bien faite, était néanmoins, par ses manières et ses agréments, tout à fait aimable (1) ». Elle plaisait également aux Français et aux Anglais. John Reresby, qui l'avait vue au Palais-Royal un peu avant la restauration, la trouvait charmante. « Je parlais français et j'étais bon danseur, dit-il. Aussi la jeune princesse en usait-elle vis-à-vis de moi avec autant de liberté et de politesse que possible. Elle dansait avec moi, jouait du clavecin pour moi dans ses appartements, me permettait de l'accompagner dans ses promenades au jardin et parfois de tirer la corde de sa balançoire suspendue entre deux arbres, enfin, d'assister à toutes ses innocentes distractions (2) ». Sitôt le mariage de Louis XIV avec Marie-Thérèse décidé, Anne d'Autriche avait songé à Henriette d'Angleterre pour Monsieur. Le 21 août, la reine Henriette écrivait à la princesse d'Orange : « Je vous ai mandé la semaine passée de vous tenir prête à partir ; je vous dis présentement de venir aussitôt que vous voudrez. Je vous en prie, et on sera bien aise ici de vous y recevoir. Le mariage de votre sœur étant, en une manière, conclu, c'est-à-dire que le roi, votre frère, et moi le voulons bien, et que l'on va dépêcher en Angleterre pour cet effet, vous

(1) Mme de Motteville. *Mémoires.*

(2) Reresby. *Mémoires*, p. 3 (trad. Guizot). — Pepys, qui vit la princesse pendant son séjour à Londres, la dépeint ainsi : « La princesse Henriette est jolie, mais je la croyais mieux. Elle se coiffe avec des frisures qui ne dépassent pas l'oreille et qui ne sont pas de mon goût. Ma femme, avec deux ou trois mouches et en toilette élégante, me parut bien supérieure en beauté. »

ne sauriez mieux faire que de venir (1) ». En effet, quatre jours après, la reine ramenait sa plus jeune fille à Paris et le lendemain elle écrivait à Charles II : « J'arrivai hier en cette ville. Aussitôt que j'y fus, la reine me vint voir et me dit qu'elle venait de la part du roi, son fils, pour me dire que tous deux ensemble me priaient de vouloir appuyer une demande qu'ils me faisaient de faire l'honneur à Monsieur de lui donner ma fille en mariage, et qu'ils avaient résolu d'envoyer un ambassadeur vous trouver pour cet effet... Je crois que vous me donnerez commission de leur dire que vous l'approuvez ; je vous assure que votre sœur n'est nullement fâchée et, pour Monsieur, il est tout à fait amoureux et fort impatient de votre réponse (2). »

La mort du duc de Gloucester avait retardé le départ des princesses, mais, le 6 novembre, elles étaient à Calais où elles devaient s'embarquer. Charles II vint à la rencontre de la reine sa mère à Douvres et l'entrée à Londres eut lieu le 21 novembre sans solennité, et sans grande allégresse publique. « Ce soir, notait ce jour-là Pepys, il y avait peu de feux de joie. On n'en comptait que deux ou trois dans la ville ; d'où je conclus, ce que j'avais déjà supposé, que le retour de la reine plaît à fort peu de monde. » L'ambassadeur extraordinaire de France, le comte de Soissons, était déjà à Londres, et la reine tint à ce qu'il présentât ses devoirs à sa fille. « Nous la trouvâmes en cornette, avec une indienne de mille couleurs, jouant à l'hombre, avec Monseigneur le duc d'York et Mme la princesse d'Orange, écrivait Bartet, secrétaire du comte de Soissons, au cardinal Mazarin. On peut dire à Monsieur qu'il ne l'a jamais vue sous les armes plus belle que ce jour-là. Et un jour qu'il la menait dans votre galerie, que je lui dis qu'elle était aussi belle que son petit ange gardien, je n'en avais pas tant de raisons qu'elle en avait en

(1) Comte de Baillon. *Lettres de la reine Henriette-Marie d'Angleterre*, p. 579.

(2) Comte de Baillon. *Lettres de la reine Henriette-Marie*, 582.

Le Mariage de Charles II et de Catherine de Bragance (1662).
Stent, graveur (Bibliothèque Nationale. Estampes.)

cornette dans son indienne à Whitehall (1) ». Henriette-Anne eut d'ailleurs le plus grand succès en Angleterre. Ce fut à qui multiplierait le plus les hommages et les présents. La Chambre des Communes lui vota 10000 jacobus, et chacun fêtait de son mieux la fiancée. Le général Monk offrit à la reine et à sa fille un souper suivi d'une comédie. « Toute la Cour, raconte Bartet le 13 novembre, monta en carrosse, précédée des gardes du corps, qui étaient la garde du général Monk. Ils sont cinq cents avec un collet de buffle et la carabine, aussi bien montés qu'on en puisse voir et de la meilleure mine. Il y avait encore soixante gentilshommes à cheval qu'on appelle la compagnie des pensionnaires, qui est une garde établie comme les mousquetaires du roi (2) ». Le Parlement vota à Henriette-Anne

(1) Archives des Affaires étrangères : Angleterre, 1660, supplt.
(2) Archives des Affaires étrangères : Angleterre, 1660, supplt. Monk allait bientôt recevoir le titre de duc d'Albemarle.

une dot de 40000 jacobus qu'en monnaie de France on évaluait à 560000 livres. Charles II y ajouta un don de 20000 jacobus, partie en espèces et partie en pierreries. De leur côté Louis XIV et son frère assuraient à la future duchesse d'Orléans un douaire de 40000 livres de rente, et pour sa résidence, le château de Montargis, très richement meublé. Ces points réglés, lord Jermyn, comte de Saint-Albans, fut nommé ambassadeur extraordinaire à Paris, pour former la maison de la princesse et régler les détails des questions d'intérêts. Le comte de Soissons reprit la route de France, après avoir été très festoyé par le duc de Buckingham. « Celui-là, disait Bartet dans une de ses dépêches, est un vrai homme de plaisir qui ne songe à autre chose au monde qu'à se réjouir (1) ». Buckingham avait jusque-là fait une cour assidue à la princesse d'Orange, mais, s'il en faut croire Mme de Lafayette, sitôt qu'il vit Henriette-Anne, il en devint si passionnément amoureux, qu'on peut dire qu'il en perdit la raison. Il n'y eut pas d'extravagances qu'il ne fît pour obtenir de l'accompagner en France et la princesse, ayant été atteinte à bord d'une indisposition qu'on reconnut bientôt être la rougeole, il voulait à toute force mettre l'épée à la main contre le comte de Sandwich pour le châtier des soins qu'il lui prodiguait (2). Enfin, dans les derniers jours de janvier, on remit à la voile pour le Havre, où

> Ceux de l'Église et de justice,
> La soldatesque et la milice
> Firent à ces princesses voir
> Qu'ils savaient fort bien leur devoir (3).

Aussitôt après le débarquement, la reine signifia à Buckingham qu'il ait à se rendre directement à Paris, tandis qu'elle restait au Havre, pour donner à sa fille convales-

(1) Comte de Baillon. *Henriette-Anne d'Angleterre, duchesse d'Orléans*, 50.

(2) Comte de Baillon. *Henriette-Anne d'Angleterre, duchesse d'Orléans*, 53.

(3) Loret. *Muze historique*, février 1661.

cente le temps de reprendre ses forces. Elles allèrent ensuite se retirer au monastère de Chaillot, pour y attendre la dispense du pape et, là encore, Buckingham trouva le moyen de multiplier tant d'extravagances et de folies que Monsieur témoigna quelque irritation d'assiduités aussi marquées et qu'Anne d'Autriche et la reine d'Angleterre, d'un commun accord, lui signifièrent en termes nets qu'il était temps pour lui de se rembarquer (1). Alors, le mariage d'Henriette-Marie et de Philippe d'Orléans fut célébré dans la chapelle privée de la reine d'Angleterre par l'évêque de Valence, Daniel de Cosnac, aumônier de Monsieur.

Tous ces mariages avaient préoccupé l'opinion de la situation du roi Charles II. « L'on parle du mariage du roi avec la nièce du prince de Ligne, dont il a, dit-on, deux fils, écrivait Pepys le 28 février 1661. Cette union ne me sourit pas. J'aime pourtant mieux qu'il en soit ainsi, que de voir arriver au trône le duc d'York dont on connaît les penchants catholiques ». Toute l'Angleterre presbytérienne ou anglicane pensait sur ce chapitre comme Pepys. Pourvu que la femme qu'épouserait le roi ne fût pas une Française, chacun devait être satisfait, du moment que le duc d'York serait écarté du trône (2). L'attitude dominatrice des diplomates français avait accentué le peu de sympathie qui régnait alors entre les deux nations. Quand, en septembre 1661, à l'entrée du comte Brahé, ambassadeur de Suède, il y eut une bagarre entre les gens du baron de Watteville, ambassadeur d'Espagne à Londres, et ceux du comte d'Estrades, ambassadeur de France, le populaire prit nettement parti pour les Espagnols. De plusieurs jours, les Français n'osèrent se montrer dans les rues de peur d'être tués. « Il est étrange de voir comme

(1) Comte de Baillon. *Henriette-Anne d'Angleterre, duchesse d'Orléans*, p. 58.

(2) Charles II ne se souciait pas d'épouser des princesses allemandes. « Elles sont toutes stupides », disait-il (Jesse. *Memoirs*, II, p. 3). Il ne restait de choix qu'entre des princesses catholiques.

tout le monde se réjouit, notait Pepys. Eh! en vérité, nous aimons tout naturellement les Espagnols et nous haïssons les Français (1). » Cependant, s'il en faut croire un agent français à Londres, « le duc d'York, le roi et toute la Cour faisaient des vœux pour la France ». A peu près brouillé avec le gouvernement de son beau-père à la suite de ce déplorable incident, Louis XIV prit sa revanche en faisant écarter par Charles II les propositions de l'Espagne et en poussant la Cour de Lisbonne, ennemie naturelle de sa trop proche voisine, à offrir au roi de la Grande-Bretagne avec la main de l'infante Catherine, une dot de 500 000 livres, le port de Tanger sur la côte d'Afrique, et l'île de Bombay dans les Indes orientales. En outre, on assurait au commerce anglais la liberté de négoce avec le Portugal et ses colonies. Le Portugal était, à ce moment, pleinement entré dans la sphère de l'influence française. Au lendemain de la mort du duc de Bragance qui avait restauré la monarchie portugaise en prenant le nom de Jean IV, Luisa de Guzman, fille du duc de Medina Sidonia, avait exercé la régence au nom de son fils Alfonso, mais on craignait les tentatives sans cesse menaçantes de l'Espagne et les ministres de Louis XIV étaient disposés à tous les sacrifices pour consolider l'indépendance du Portugal au détriment des prétentions castillanes. Fouquet envoya un agent en Angleterre pour soutenir la proposition portugaise, offrant une alliance avec Louis XIV contre l'Espagne, la France contribuant pour 300 000 pistoles dans les frais d'une expédition (2). Les conseillers, que Charles II appela à fournir leur avis sur la proposition de mariage, furent séduits par des avances qui paraissaient aussi avantageuses. Les caisses royales étaient vides; Catherine de Bragance et sa dot seraient les bienvenues. Même Clarendon, anglican

(1) La haine des Français s'étendait même aux huguenots que le peuple anglais ne différenciait pas des catholiques. Pepys, qui avait épousé la fille d'un huguenot français, partageait l'opinion de ses compatriotes.

(2) Clarendon. *Mémoires*, III, p. 187.

renforcé, admit, à la faveur d'une si belle dot, un article garantissant à la reine le libre exercice de sa religion et l'autorisant à avoir, dans chacun de ses palais, une chapelle et des aumôniers. On s'occupa, dès lors, de former la maison de la future reine, et parmi les dames d'honneur qui furent désignées pour en faire partie, se trouvait une amie de la jeune princesse d'Orléans, Frances Stewart, élevée en France, et pour qui sa mère avait rêvé un instant la faveur de Louis XIV. Henriette-Marie écrivait donc à son frère le 24 février 1662 : « Je n'ai pas voulu perdre cette occasion de vous écrire par Mme Stewart qui mène sa fille pour être une de celles de la reine votre femme. Si ce n'eût pas été à ce sujet, je vous assure que j'aurais eu bien de la peine à la laisser partir d'ici, étant la plus jolle fille du monde et la plus propre à parer une Cour (1) ».

La maison de la nouvelle reine composée, tout le monde s'attendait à la voir bientôt débarquer, mais la flotte anglaise, commandée par le comte de Sandwich, que Charles II avait envoyé à Lisbonne avec ordre de ramener la fiancée et la dot, ne paraissait point. Les papiers du président Bouhier contiennent à ce propos une curieuse explication. « Les Anglaises, dit-il, ont à déshonneur d'être rasées quelque part que ce soit. Les Portugaises tiennent l'opinion contraire. C'est ce qui fit que, Charles II ayant épousé par procureur Catherine de Portugal, on retarda son voyage jusqu'à ce qu'elle fût en état de paraître devant lui comme une Anglaise (2) ». Les notes du président Bouhier sont souvent sujettes à caution. En cette circonstance, la réalité était plus étrange encore que ce bizarre

(1) Comte de Baillon. *Henriette-Anne d'Angleterre, duchesse d'Orléans*, p. 80. — « C'est assurément la plus belle fille qui soit en cette Cour », écrira Courtin en 1665.

(2) Barrière. *La Cour et la Ville*, 379. — Ce qui donna lieu à cette anecdote courante à cette époque en Angleterre; c'est qu'il y avait dans la suite de la reine un officier qu'on appelait le barbier de l'Infante. C'était, en réalité, un chirurgien. Mais, en Angleterre, les fonctions du chirurgien et du barbier étant séparées, on jasa à ce propos (*Mémoires de Grammont*, ch. VI).

récit. En promettant une opulente dot à l'infante, les ministres portugais ne s'étaient pas préoccupés d'immobiliser dans les coffres de l'État somme suffisante pour les versements à faire. Aussi, tout le cortège de dames, d'aumôniers et de fonctionnaires divers, qui devaient accompagner Catherine de Bragance, réuni et prêt à embarquer, il fallait, après avoir employé tous les moyens dilatoires, avouer au comte de Sandwich, qui devenait pressant, la pénurie du trésor royal. Le comte de Sandwich n'avait pas dans ses instructions l'ordre de faire confiance au gouvernement portugais. Il insista pour un versement et, faute d'espèces, dut se contenter d'emporter la dot en valeurs et en marchandises. Il se borna à stipuler pour se garantir que l'estimation des marchandises embarquées serait faite à Londres et que quitus ne serait donné qu'après réalisation. Cet arrangement tirait le gouvernement portugais d'une situation difficile et fut en conséquence accepté avec reconnaissance. On s'empressa d'embarquer, dans les cales des navires anglais, tout ce que les docks de Lisbonne contenaient de marchandises coloniales disponibles et le comte de Sandwich put mettre à la voile.

Le 20 mai, la flotte était en vue de Speathead, et le jour même, le roi recevait l'infante à Portsmouth (1). « Je suis arrivé hier, vers deux heures de l'après-midi, écrivait-il à lord Clarendon, et dès que je me fus changé, j'allai dans la chambre de ma femme. Je l'y trouvai alitée par suite d'un léger rhume et d'une certaine tendance à la fièvre. Je suis en état de vous dire ce que j'ai vu, ce qui peut se résumer ainsi : sa figure n'est point de celles qu'on pourrait qualifier à bon droit de belle, bien qu'elle ait de fort beaux yeux et qu'elle n'ait dans ses traits aucun détail qui puisse faire honte à qui que ce soit. Loin de là, l'impression

(1) Pepys note dans son *Journal* : « Le soir, toutes les cloches sonnèrent et on fit des feux de joie en l'honneur de la reine, débarquée la nuit dernière à Portsmouth ; mais je ne vois pas d'allégresse, et il n'y a que de l'indifférence dans le cœur du peuple, mécontent du libertinage, de l'orgueil de la Cour et des dettes qu'elle contracte. »

qu'elle produit est des plus agréables que j'aie jamais rencontrée et si je me connais un peu dans l'art d'interpréter les traits du visage, comme je le crois, elle doit être une des meilleures personnes qui soient au monde. Sa conversation, autant que j'en puis juger, est très bonne, car elle ne manque pas d'esprit et le timbre de sa voix est ſort agréable. Vous serez étonné de voir à quel point nous nous connaissons mutuellement. En un mot, je me trouve très heureux, car j'ai l'espoir certain que nos deux caractères s'accorderont ſort bien. Je n'ai pas le temps d'en dire davantage (1) ».

Deux jours après, il écrivait à sa sœur, la duchesse d'Orléans : « Milord Saint-Albans vous ſera une description si complète de ma ſemme, que je n'entreprendrai pas de vous la donner, seulement, je dois vous dire que je me trouve ſort heureux. J'ai été marié avant-hier (2), mais la mauvaise chance qui poursuit ma ſamille est aussi tombée sur moi, car *M. le Cardinal m'a fermé la porte au nez*, et quoique je ne sois pas aussi ſurieux que l'a été Monsieur, et que même je ne sois pas ſâché de laisser passer tout cela, avant d'aller trouver ma ſemme dans son lit, néanmoins, je compte bien lui ſaire passer son temps, la première nuit, mieux qu'il ne l'a ſait pour vous. J'ai l'intention d'aller lundi prochain à Hampton Court, où je resterai jusqu'à ce que la reine (3) y vienne (4) ». Le portrait, tracé par Charles II, était plutôt indulgent. Pour d'autres que le roi, l'inſante de Portugal était une petite brune, gauche, courte, trapue, basanée; ses dents mal plantées déſormaient sa bouche (5). Avec ses vingt-quatre ans et ses costumes exotiques, elle avait déjà

(1) Jesse. *Memoirs*, III, 6.

(2) Daubigny, aumônier de la reine-mère, célébra d'abord le mariage catholique dans la chambre de Catherine. Puis Charles II et la reine furent mariés, selon le rite anglican, par Sheldon, évêque de Londres.

(3) Charles II désigne toujours ainsi Henriette-Marie.

(4) Comte de Baillon. *Henriette-Anne d'Angleterre, duchesse d'Orléans*, p. 85.

(5) Agnès Strickland. *Lives of the queens of England*, t. VIII, p. 312.

la taille épaissie par une vie sédentaire. Elle ne savait pas un mot d'anglais, ses femmes lui ayant persuadé qu'il était de l'intérêt et de la grandeur du Portugal, qu'elle ne fît point cette concession à sa nouvelle patrie. Elle n'avait jamais parlé à un homme, elle ne s'était montrée à aucun regard, même pendant la traversée. « C'est une chauve-souris, disaient les courtisans, ce n'est pas une femme (1) ». Peut-être étaient-ce cette réserve excessive, cette maladresse d'allure qui plurent d'abord au roi et le portèrent à se vanter qu'il offrirait à sa Cour un modèle de fidélité conjugale. « La reine est à Hampton Court depuis quelques jours, écrivait Pepys le 31 mai. Tout le monde dit qu'elle est jolie et modeste et que le roi la trouve à son goût. Je crois d'après cela que Mme Castlemaine sera supplantée. »

Supplanter lady Castlemaine! Pepys y songeait-il? La maîtresse royale était sur le point d'accoucher et son état avait mis quelque trouble dans ses relations avec son amant, mais la comtesse n'était point décidée à se laisser évincer. Pour la faire consentir au mariage, il avait fallu lui faire des promesses dont elle allait exiger l'exécution. « La reine, dit John Reresby, n'avait rien, ni dans son maintien ni dans sa personne qui put lutter avec la comtesse de Castlemaine, la plus belle femme de son temps (2) ». John Evelyn vint de Londres à Hampton Court et vit la reine qui dînait en public. Le duc d'Ormond le présenta et il lui baisa la main. Son impression fut assez favorable. Il constata que c'était encore la plus belle femme de toute la compagnie. « Quoique petite de stature, dit-il, elle était joliment faite avec de beaux yeux pleins de langueur. Des dents, qui lui gâtaient la bouche, s'avançaient un peu trop, mais tout le reste était assez attrayant ». Dire qu'elle était la plus belle des femmes présentes, ce n'était pas au fond faire d'elle un grand éloge, car, s'il en faut croire les contemporains, jamais on ne vit bande de plus

(1) Jesse. *Memoirs*, II, p. 7.
(2) J. Reresby. *Mémoires*, 9.

affreux laiderons que les suivantes portugaises qui formaient son entourage. Clarendon se demande comment on avait pu rencontrer un pareil nombre de vieilles hargneuses (1). « A la *Taverne du Triomphe*, le capitaine Ferrers, rapporte Pepys, me montra des dames portugaises venues avec la reine. Leurs vertugadins sont étranges. Je ne trouvai en elles rien de plaisant. » Il est vrai qu'il ajoute aussitôt que ces bizarres personnes commencent à se civiliser. « Elles regardent déjà à droite et à gauche, savent très bien embrasser et je suis certain qu'elles négligeront bientôt les habitudes de réclusion de leur pays. Elles se plaignent beaucoup de ne pas avoir de bonne eau à boire. Plusieurs personnes de qualité, hommes et femmes, étaient venues pour les voir. »

Catherine de Bragance, reine d'Angleterre.
Peinture de Peter Lely, gravé par B. Hall.

(1) Clarendon. *Mémoires*, II, 419. — « Cette suite, disent les *Mémoires de Grammont*, était composée de la comtesse de Panetra, en qualité de dame d'atours, de six monstres qui se disaient filles d'honneur, et d'une duègne qui se portait pour gouvernante de ces rares beautés. » L'un, pourtant, de ces monstres, fut la maîtresse de Buckingham.

Ce que l'on reprochait surtout à ces étrangères, c'était de former autour de la reine une petite cohorte qui ne se laissait pas entamer.

La comtesse de Castlemaine, favorite en titre, avait vu d'un fort mauvais œil le mariage de Charles II. Pour apaiser sa colère et ses plaintes, le roi lui avait promis solennellement que son mariage, loin d'être pour elle une cause de bannissement de la Cour, serait un prétexte à lui donner une position officielle. Et il l'avait en effet nommée dame de la chambre de la nouvelle reine. Restait à faire agréer la nomination par la reine. Convaincu que Catherine n'était en rien au courant des choses de la Cour, le roi eut soin, sur la liste qu'il soumit à la reine, de placer en première ligne la comtesse de Castlemaine. Mais, Catherine avait été prévenue contre la faute de Marie-Thérèse et on l'avait engagée à lutter contre les favorites. Elle raya le nom de la comtesse sur la liste présentée par le roi et pria Charles II de lui donner la permission de retourner d'où elle venait (1). « Là dessus, il y eut dans le ménage royal, raconte Pepys, une brouille d'une nuit et d'une journée. Enfin le roi a promis de ne plus voir la comtesse. Je ne puis croire qu'il la délaisse ainsi, il l'aime trop pour cela. » En effet, quelques jours après, cédant à de nouvelles instances de l'impérieuse favorite, il voulut l'imposer à la reine devant toute la Cour assemblée. Catherine, se maîtrisant, essaya de faire un accueil gracieux à sa rivale, mais ses yeux se remplirent de larmes, et, prise d'un spasme violent, il fallut l'emporter dans ses appartements (2). « Vous me mandez, écrivait sa sœur à Charles II que l'on a rendu de mauvais services à une personne auprès de la reine votre femme. Hélas! comment est-il possible qu'on puisse dire de telles choses? Pour moi, qui connais votre innocence, je l'admire; mais pour laisser la raillerie, je vous prie de me mander comment la reine prend cela. L'on dit ici qu'elle

(1) *Journal de Pepys*, 26 juin 1662.
(2) Jesse. *Memoirs*, II, p. 15.

en est dans une douleur sans pareille et à vous parler franchement, je crois que c'est avec raison. Pour ce qui est de ces sortes d'affaires, il y a bien du ravage ici, non pas comme chez vous par la reine, mais par les maîtresses (1). »

Charles II, non content d'avoir imposé la comtesse de Castlemaine à Catherine, était résolu à tenir la parole qu'il avait donnée de la faire dame de la chambre. Vainement, le duc d'Ormond et le chancelier Clarendon s'efforcèrent-ils de l'en dissuader. C'était, disaient-ils, forcer la reine à une complaisance contre laquelle se révoltaient la chair et le sang (2). Au lendemain de cette démarche, Clarendon recevait du roi la note suivante : « La dernière fois que vous fûtes ici, j'oubliai de vous prier de donner à Broderick le bon conseil de ne plus se mêler désormais de ce qui regarde Milady Castlemaine et qu'il fasse attention à ne point se faire l'auteur de propos scandaleux, car, si je découvre qu'il se soit rendu coupable de pareille chose, je ferai en sorte qu'il se repente jusqu'au dernier moment de sa vie. Et puisque j'ai abordé ce sujet, je crois très nécessaire de vous donner un bon petit conseil pour que vous n'alliez point vous imaginer qu'en faisant un peu plus de bruit sur cette affaire, vous êtes en état de me faire renoncer à ma résolution, ce que rien au monde ne saurait faire. Je veux être malheureux dans ce monde et dans l'autre, si je manque si peu que ce soit à ce que j'ai résolu, qui est de faire Milady Castlemaine dame de la chambre à coucher de ma femme. Et quel que soit celui que je trouverai à se mettre en travers de ma résolution, à moins que ce ne soit exprès par mon ordre, je serai son ennemi jusqu'à la fin de ma vie. Vous savez quel ami j'ai été pour vous. Si vous voulez m'obliger éternellement, rendez-moi cette affaire-là aussi aisée que vous pourrez, quelle que soit

(1) Comte de Baillon. *Henriette-Anne d'Angleterre, duchesse d'Orléans*, p. 121.

(2) Clarendon. *Mémoires*, II, 431.

l'opinion que vous en ayez, car je suis résolu à la mener à bonne fin, quoiqu'il en puisse advenir, et je le jure solennellement devant Dieu tout-puissant. Si donc vous voulez que je vous continue mon amitié, ne vous mêlez plus de cette affaire, sinon pour faire taire tous les propos faux et scandaleux et pour faciliter ce en quoi j'estime que mon honneur est tout à fait intéressé. Et qui que ce soit que je trouve être hostile à Milady Castlemaine en cette affaire, je vous promets, de ma parole, d'être son ennemi aussi longtemps que je vivrai. Vous ferez voir cette lettre à Milord lieutenant et si vous êtes, l'un et l'autre, dans l'intention de m'être agréable, vous vous comporterez en cette affaire comme étant de mes amis (1) ». Tout le monde se le tint pour dit. Malgré la résistance de Catherine, la favorite fut admise quotidiennement dans sa chambre où elle était l'objet de l'attention du roi et des courtisans, tandis que Catherine restait à l'écart, seule et silencieuse. Après avoir longtemps résisté, la reine prit le parti de se résigner. Elle finit par parler à Castlemaine et à la recevoir sans faire de distinction avec ses autres dames. « Cette concession faite au roi, rapporte Clarendon, lui enleva l'estime qu'il conservait, malgré tout, pour la courageuse résistance de la reine, et il n'y vit plus qu'un caprice de femme (2) ».

Cependant, en octobre 1663, elle tomba gravement malade. Elle l'appela près d'elle et, sans lui faire aucun reproche sur le passé, le pria de permettre que son corps fût transporté en Portugal pour être inhumé au milieu des siens. Elle le supplia de protéger son pays contre les entreprises de l'Espagne. Charles II, baignant de ses larmes la main de la malade, le lui jura. « La nuit du vendredi au samedi, raconte l'ambassadeur français, le comte de Comminges, la reine pensa mourir. Elle reçut le viatique, fit son testament et se fit couper les cheveux après avoir donné ordre à ses affaires domestiques. Elle consola

(1) Law. *A Short history of Hampton Court*, p. 275.
(2) Clarendon. *Mémoires*, II, 453.

Le Palais de Hampton Court.
Gravure de John Bowles et fils. (Bibliothèque Nationale. Estampes.)

le roi avec beaucoup de tranquillité et de douceur, se réjouit de le voir bien fort, en bon état de se marier avec une princesse de plus grand mérite et qui pût contribuer à la satisfaction et au repos de son État. Il fallut retirer le roi de ce spectacle funeste qui s'était attendri jusqu'à l'évanouissement. Tout le jour se passa en craintes. Le soir, le sommeil lui donna quelque repos. La nuit se passa sans redoublement et, présentement, elle est en meilleur état bien que les médecins n'assurent encore rien de sa santé. La religion catholique ferait une grande perte et sans ce prétexte-là sans doute poursuivrait-on davantage que l'on ne fait et du moins plus ouvertement (1). » Pendant ces journées, la Cour désorientée se préoccupait déjà de la reine du lendemain. Quant à Charles II, son émotion, réelle pendant cette scène touchante, ne l'avait pas empêché d'aller souper chez Lady Castlemaine où il était certain de trouver la belle Stewart, car « il avait menacé la dame, où il soupe tous les soirs, de ne mettre jamais les pieds chez elle si la demoiselle n'y était (2). » Chaque soir, Pepys avait par Mme Sarah, la femme de charge du comte de Sandwich, voisin de logement de Lady Castlemaine, le détail de ces soupers. C'était son mari qui les cuisinait. « C'est une chose bien étrange ! » écrivait le digne annaliste dans son journal, ne comprenant rien à la comptabilité en partie double du cœur de Charles II (3). La reine, cependant, semblait avoir triomphé du mal. La crise redoutable était passée et la fièvre pourpre l'avait laissée tachetée comme un léopard. Mais, du moins, pendant ces instants critiques, on lui avait laissé toute liberté de faire appel aux secours de la religion. « Elle a reçu l'Extrême Onction, et les prêtres y ont mis tant de temps que les médecins étaient furieux (4). » Elle souffrait horriblement de la tête

(1) Bib. Nat., Fds français 10712. *Lettres de Comminges.*

(2) Archives des Affaires étrangères : Angleterre, *Dépêches de Comminges*, t. IV.

(3) *Journal de Pepys*, 20 octobre 1663.

(4) *Journal de Pepys*, 19 octobre 1663.

et de la gorge. On lui mit sur la tête un bonnet de nuit contenant de précieuses reliques. Daubigny, l'aumônier de la reine-mère, lui dit pendant sa convalescence que c'était à cela qu'elle devait sa guérison. « Non, répliqua-t-elle en souriant au roi, c'est plutôt aux prières de mon mari (1). » Dans les derniers jours d'octobre, elle avait toujours le délire. « Ce matin, raconte Pepys le 26 octobre, elle était persuadée qu'elle était accouchée, s'étonnait d'avoir été délivrée sans douleur et était fort chagrine d'avoir un enfant aussi laid. Mais le roi qui était présent, dit : « C'est un très beau garçon. — Non, répliqua-t-elle, s'il vous ressemblait, il serait beau et j'en serais fière. » Le lendemain, après une fort bonne nuit, elle divaguait encore, parlant toujours de ses enfants. Elle se figurait qu'elle en avait trois et que sa fille ressemblait au roi. Les attentions que lui avait témoignées Charles II au plus fort de son mal, avaient beaucoup frappé les gens de service et, par leur canal, la petite bourgeoisie. Un poète alors très apprécié, Waller, célébra Charles II rendant la vie à Catherine. « Celui-là, disait-il, que jamais on ne vit s'attrister au sujet de tant de royaumes qu'on lui arracha, il réserva ses larmes pour vous qui lui êtes plus chère et qui avez plus de prix pour lui que tous ses royaumes, car lorsqu'échouait tout art de guérir, alors qu'élixirs et cordiaux restaient sans effet, il laissa tomber sur vos joues pâlies cette pluie qui vous ranima comme une fleur qui languit (2). » Les gens de Cour, cependant, suivant la coterie à laquelle ils appartenaient, envisageaient les choses sous des jours différents. « Il faut avoir été témoin de ce que j'ai vu pour le

(1) Ward. *Journal*, 98.

(2) Jesse. *Memoirs*, III, p. 27. — Saint-Evremond écrivait à Corneille au sujet de Waller : « M. Waller, un des plus beaux esprits du siècle, attend toujours vos pièces nouvelles et ne manque pas d'en traduire toujours un ou deux actes en vers anglais pour sa satisfaction particulière. Vous êtes le seul de notre nation dont les sentiments aient l'avantage de toucher les siens. Il demeure d'accord qu'on parle et qu'on écrit bien en France. Il n'y a que vous, dit-il, de tous les Français, qui sachiez penser. »

croire, écrivait le comte de Comminges à Louis XIV. Jusqu'au moindre courtisan se donnait la liberté de marier son maître, chacun selon son inclination. Mais les plus confidents parlaient de la fille du prince de Ligne, à laquelle le roi d'Espagne devait faire de grands avantages. Je puis assurer à Votre Majesté que si la malade échappe, elle rompra bien des mesures, et que peu de gens en auront de la joie, si ce n'est M. et Mme la duchesse d'York qui se voyaient bien éloignés des belles espérances, desquelles, apparemment, ils se peuvent flatter, puisque l'on dit que la reine ne peut avoir d'enfants. »

(1) Bib. Nat. Fds français. 10712. *Lettres de Comminges.*

IV

Le Règne de Barbara Palmer.

ARBARA Palmer est la plus grande favorite qui, au prix d'éclipses, d'intérims acceptés et de complaisances plus ou moins perverses, a régné pendant près de dix-huit ans sur la Cour de Charles II.

Mariée de bonne heure à un gentihomme royaliste, le roi n'avait pas été son premier caprice. « Je suis prête, écrivait-elle en 1659 au brillant comte de Chesterfield, je suis désireuse d'aller courir le monde avec vous... Je vivrai et je mourrai en vous aimant au delà de tout. » Mais pour filer le parfait amour avec le comte de Chesterfield, Barbara se heurtait à deux obstacles. Tout d'abord, elle avait un mari, qui ne pouvait guère l'empêcher de le tromper, mais qui pouvait l'empêcher de partir. Puis, comme elle était aussi joueuse que le chevalier de Grammont, mais ne savait pas comme lui corriger la fortune, elle ne tardait à perdre tout ce qu'elle possédait et à quereller son amant pour en obtenir des prêts d'argent. Charles II se trouva tout heureusement sur sa route pour consoler ses désillusions et la réargenter. Au moment de la restauration, elle était maîtresse plus ou moins officielle et ne devint guère maîtresse déclarée qu'en juin 1661. C'est le mois suivant que Pepys, placé devant elle au théâtre, rapporte qu'il ne cessa de la regarder pendant tout le spectacle et qu'elle lui plut beaucoup. A dire vrai, cet excellent commis de la Marine paraît avoir eu pour la maîtresse du roi un fort, quoique platonique béguin. Le 8 décembre 1661, comme employé au sceau privé, il scella la patente qui faisait de Roger Palmer, un comte de Castlemaine et un baron de

Limerick en Irlande (1). « Mais, ajoute-t-il dans son journal, les seigneuries appartiennent aux enfants mâles issus de sa femme Lady Barbara. L'on sait pourquoi. » Oui, toute la Cour savait pourquoi, et certain jour où la duchesse de Richmond, pas Frances Stewart, qui n'était pas mariée alors, une autre duchesse de Richmond, se prit de querelle avec la comtesse de Castlemaine, elle l'appela « Jane Shore » et lui souhaita de finir en mendiante comme la maîtresse d'Édouard IV. Il est vrai que la duchesse de Richmond était une femme et que si elle avait, comme Pepys, trouvé dans le jardin privé de Whitehall, étendu sur des cordes le beau linge de Lady Castlemaine, elle n'eût pas admiré ses magnifiques chemises et ses jupons ornés dans le bas de riches dentelles, mais elle les eût jalousés. « Je n'avais jamais rien rêvé de si beau, observe Pepys, et je fus enchanté de les contempler ».

C'était le moment où la reine Catherine venait de débarquer. Le roi dînait et soupait tous les soirs chez la favorite. Il y était, la nuit où l'on fit des feux de joie pour l'arrivée de la reine. Presque toutes les maisons de la rue étaient illuminées. La sienne n'avait pas de feux et cela fut remarqué. Quand le roi se rendit à Portsmouth, elle versa beaucoup de larmes et s'abstint pendant son absence de sortir de chez elle. Une seule fois, elle se hasarda au théâtre, mais le peuple lui jetait des regards de mépris. « Je fus chagrin de le voir, note son adorateur Pepys (2). » Et ce curieux observateur ajoute que, quelques jours avant le départ du roi, celui-ci avait envoyé chercher des balances pour se peser ainsi que sa maîtresse. Elle était enceinte de l'enfant, qui fut plus tard titré duc de Southampton et se trouva plus lourde que le roi, ce qui les fit beaucoup rire. Quelques jours après, une querelle violente éclatait entre Lady Castlemaine et son mari. Et, à la suite de cette scène,

(1) Clarendon rapporte dans ses *Mémoires* que ce fut un ouvrage imprimé en France, sur les amours du roi Henri IV, qui donna à Charles II l'idée de titrer Lady Castlemaine Mme Palmer.

(2) *Journal de Pepys*, 21 mai 1662.

elle désertait le domicile conjugal, emportant sa riche argenterie, ses joyaux, ses belles affaires, et allait s'installer à Richmond, chez un de ses frères, pour être au dehors de la ville afin que le roi, qui était alors à Hampton Court, puisse aller plus facilement la voir. Cette bourrasque faisait scandale et il ne fallait rien moins que la cause qu'on lui donnait une dizaine de jours plus tard pour apaiser l'indignation populaire. Le comte de Castlemaine n'avait pas querellé sa femme en mari qui ne se souciait pas de jouer le rôle d'un complaisant. Il s'agissait de l'enfant qui venait de naître et de son baptême. Palmer avait fait appeler un prêtre catholique. Quelques jours après, Barbara avait fait baptiser de nouveau le bébé par un ministre anglican, Lord Oxford et la duchesse de Suffolk servant de témoins, en présence du roi. Après la scène du 15 juin, le mari, abandonné, sans linge et sans domestiques, sauf le portier, avait pris la route de la France. Où allait-il? Evidemment s'enfermer dans quelque monastère. C'était bien la preuve qu'il avait tort. Sitôt après ce départ, Lady Castlemaine revenait s'installer dans sa maison de King's street.

C'est là qu'elle habitait lorsque, le 23 août, la reine venait s'installer à Whitehall. On lui fit une assez belle entrée. « Toute la fête, rapporte Pepys, se résumait en un grand nombre de bateaux et de barques et deux arcs de triomphe, représentant l'un un roi et l'autre une reine, avec ses filles d'honneur assises très gracieusement à ses pieds. Le roi et la reine parurent, sous un dais, dans un bateau accompagné de mille barques, autant que j'en pus juger, car il y en avait tant que l'on ne pouvait voir la rivière ni discerner le roi et la reine. Ils abordèrent au pont de Whitehall et furent salués par les canons. Ce qui m'enchanta, ce fut la présence de Milady Castlemaine près de nous, appuyée sur un canon de Whitehall. C'était bien étrange de voir son mari et elle se promenant en long et

(1) *Journal de Pepys*, 26 juin 1662.

en large, sans faire attention l'un à l'autre (1). A son arrivée, il ôta son chapeau et elle lui fit un salut très poli. Puis, après cela, ils ne se regardèrent plus. Seulement, de temps à autre, il prenait l'enfant, que la nourrice tenait dans ses bras, et le dodelinait. Un petit incident. Un échafaudage au-dessous de nous menaça de crouler et nous craignions un accident qui n'eut pas lieu, mais elle fut la seule de toutes les grandes dames qui courut en bas, parmi la populace, pour savoir ce qui était arrivé, et prit soin d'un enfant qui s'était fait mal. Je trouve cela très généreux de sa part. Dans la suite, un personnage botté et éperonné eut avec elle une longue conversation. Comme elle était coiffée en cheveux, elle prit son chapeau qui était très simple, se le mit sur la tête pour se garer du vent, et cela lui allait très bien comme tout ce qu'elle porte. Je partis sans pouvoir me rassasier de la voir (2) ». Quelques jours plus tard, chez la reine-mère, Pepys revoit Milady Castlemaine ; il la compare à Catherine et elle lui plaît davantage. Quant à la reine Marie, « c'est, constate-t-il, une très petite personne, fort ordinaire, qui n'a rien, pas plus dans son extérieur que dans ses vêtements qui la distingue d'une autre femme. » Elle a ramené de France, d'où elle arrive, M. Crofts, James, le bâtard du roi, né à Rotterdam de Lucy Walters, le 7 avril 1649 et qu'on appelle Crofts parce qu'il a été élevé en France par les soins de ce lord. C'est un jeune garçon élégant, et plein de vivacité. Il ne quitte pas Lady Castlemaine. On dit, d'ailleurs, que les deux reines sont très bonnes pour lui. Henriette-Marie a surveillé ses études chez les Jésuites, car James Crofts a été élevé par les Révérends Pères. « Le roi et la reine étaient très gais. Le roi voulait faire croire à sa mère que la reine était enceinte et affirmait que celle-ci le lui avait dit. A cela la jeune reine répondit : « Vous mentez ». Comme ce sont les premiers mots d'anglais qu'elle prononce, le roi s'en divertit

(1) M. Palmer était revenu de France après un court séjour.
(2) *Journal de Pepys*, 23 août 1662.

La Signature de la paix à Bréda (24 août 1667).
Gravure hollandaise non signée. (Bibliothèque Nationale. Collection Hennin.)

et voulut lui faire dire en anglais : « Avoue et sois pendu (1). »

Quelques semaines plus tard, Lady Castlemaine accompagne la reine à sa chapelle qu'on vient de terminer d'édifier à Saint-James. Elles arrivent en voiture à travers le parc. « Je me faufilai après elle, rapporte notre badaud, et parvins jusqu'à son cabinet. Là, j'admirai le bel autel, les ornements, les moines dans leurs vêtements et les prêtres portant leur belle livrée. J'entendis leur musique. Il n'y avait pas d'accord (2). » En novembre, voici qu'on annonce que Lady Castlemaine est de nouveau enceinte des œuvres du roi. « Quoique son mari, tout en demeurant en ville, ne

(1) *Journal de Pepys*, 7 septembre 1662.
(2) *Journal de Pepys*, 21 septembre 1662.

mange ni ne couche avec elle, on lui mettra l'enfant sur le dos (1) », remarque philosophiquement Pepys.

Vers le même temps, la Cour et la Ville commencent à s'entretenir des fredaines du duc d'York. Jacques estime sans doute, en effet, qu'il a fait suffisamment en donnant un rang à la fille du chancelier, et tout l'amour qu'il lui jura jadis est oublié, depuis qu'il a mis sa conscience en repos par la déclaration de son mariage. Tout d'abord, il fait la cour à Mme Carnegy. C'est une galante qui est à la mode. « Sa bonté naturelle ne fit pas beaucoup languir son nouvel amant », observe malicieusement Hamilton. Son mari ne la gêne guère, car il est en Écosse et il n'en revient qu'à la mort de son père qui lui laisse le nom de Southesk. Le duc d'York est depuis longtemps chez lui chez Mme Carnegy et ce retour du mari lui paraît bien incommode. Talbot, qui revient de Portugal, ne sait rien des choses de Londres. Le duc d'York l'invite à l'accompagner chez la femme à qui il fait la cour, mais il le laisse dans l'antichambre. Southesk, assure la dame, est allé faire un tour aux dogues, aux ours et aux taureaux, spectacles qu'il préfère au théâtre, et il convient de profiter de son absence. On en profite si bien que Talbot s'ennuie dans l'antichambre et se met à la fenêtre pour regarder les passants. Or voici qu'un carrosse s'arrête et Talbot en voit descendre son vieil ami Carnegy qu'il n'a plus revu depuis l'exil en Flandre. « Eh, bonjour, Carnegy, mon vieux cochon, lui dit-il, d'où diable sors-tu qu'on ne t'a plus vu depuis Bruxelles ? Que viens-tu faire ici ? En voudrais-tu, toi aussi, à la Southesk ? Si cela est, mon pauvre ami, tu peux t'en retourner d'où tu viens, car je t'apprendrai que le duc d'York en est amoureux et ma foi, à l'heure où je te parle, il est en train, là-dedans, de lui en dire deux mots. » Et Talbot, en sentinelle ferme sur la consigne, pousse le fâcheux vers l'escalier et le met à la porte de chez lui. Southesk hésite un instant dans la rue, puis

(1) *Journal de Pepys*, 3 novembre 1662.

remonte en carrosse et quand le duc d'York sort des cabinets de la belle dame, Talbot, qui meurt d'envie de se parer du service qu'il a rendu, fait à son prince un récit qu'il est seul à trouver plaisant. Tel fut l'incident qui mit fin à la liaison du duc d'York et de Mme Southesk, interruption fort opportune, car Southesk s'avisait à ce même moment de se venger à la façon du mari de la belle Ferronnière. Il transmit aisément son mal à sa femme, mais le duc d'York avait pris le large et papillonnait autour de Mme Robarts. Elle avait épousé un vieillard avare et ambitieux, mais encore plus prudent. Il n'eut point de repos qu'il n'eût mis les hautes montagnes du pays de Galles entre sa femme et le prince trop galant. Le duc d'York s'en consola en chassant.

Digby, comte de Bristol, qui ménageait au roi des parties de plaisir et de débauche, avait deux belles cousines, Mlles Brooke. Il avait essayé d'intéresser le roi à quelqu'une de ces belles personnes. Mais Mme de Castlemaine, qui se croyait sûre de Mlle Stewart, ne se souciait pas d'accepter une autre rivale. Elle chercha pouille à Charles II et signifia au comte de Bristol qu'il eût à rengaîner ses desseins. Alors Mlle Brooke se laissa courtiser, faute de roi, par un prince et les choses eussent été assez loin, si le chevalier Denham, écrivain satirique, qui se plaisait à goguenarder les maris jaloux et les femmes infidèles, ne s'était avisé, à l'âge de soixante-dix-neuf ans, d'épouser Mlle Brooke qui n'en avait que dix-huit. Le chevalier Denham avait trop raillé les aventures du mariage pour ne se point méfier et quand on offrit à sa femme le poste de dame du palais de la duchesse, il estima que ce serait trop le payer de son honneur de mari. Tandis qu'il exerçait une surveillance sévère, le duc d'York, d'abord pour rompre les chiens et puis ensuite sérieusement, ébaucha une intrigue avec lady Chesterfield. C'était une des filles de lord Ormond et un des Hamilton lui avait fait la cour. Mais, selon l'expression d'un contemporain, tout respirait à Whitehall les jeux et les plaisirs. Les beautés voulaient charmer et les hommes ne cherchaient qu'à plaire. Pour arriver plus facilement à Mme de Chesterfield, le duc d'York, qui étudiait la musique avec un guitariste à la mode, Francisco Corbetta, prit prétexte d'aller s'exercer en compagnie du comte d'Arran, frère de Mme de Chesterfield, qui était logée dans la maison de son père. Un jour, on avait rêvé d'écarter le mari. Un seigneur français qui faisait alors florès à la Cour de Charles II, le chevalier de Grammont, avait composé sur la Sarabande de Francisco un petit poème que frère, sœur et prince avaient répété plus de vingt fois en trio :

Jaloux, que sert tout votre effort?
L'amour est trop fort
Et quelque peine,
Que l'on prenne,
Elle est vaine
Et quand deux cœurs, une fois, sont d'accord,
Il faut devant vous
Cacher ce qu'on fait de plus doux.
On contraint ses plus chers désirs
Mais pour les soins
De cent témoins
En secret on n'aime pas moins.

M. de Chesterfield, roide comme un piquet, résistait à toute cette guitarrerie. Enfin survint un page : la reine, dont il était chambellan, le mandait au palais. Elle donnait audience à sept ou huit ambassadeurs de Moscovie. Sitôt Chesterfield sorti, son beau-frère alla à ses affaires, laissant le prince aux siennes. L'audience des ambassadeurs moscovites terminée, le mari entra chez Mlle Stewart sur les pas du duc d'York : puisqu'il était là, point besoin n'était de se presser pour rentrer au logis. La conversation roula, en présence du roi, sur ces ambassadeurs lointains. « Les Moscovites ont tous de belles femmes, dit Crofts, et leurs femmes ont toutes la jambe belle. — Il n'y en a point de si belle que celle de Mlle Stewart », dit le roi (1). La jambe de Mlle Stewart était réputée dans toute l'Europe.

(1) Hamilton. *Mémoires de Grammont*, ch. IX.

Frances Stewart, duchesse de Richmond.
Portrait par Peter Lely, gravé par S. Freeman.

Elle avait eu les honneurs d'une note diplomatique. Dans sa relation d'Angleterre, Courtin, ambassadeur de France, n'avait-il pas noté qu'elle avait la jambe si bien faite que les ambassadeurs qui venaient en Angleterre, allant chez elle par audience, lui demandaient, de la part de leur maître, la grâce de voir sa jambe (1). D'ailleurs, Mlle Stewart était tellement persuadée des avantages qu'elle avait par-dessus toutes les autres, elle était si prête à faire la preuve par la démonstration qu'il n'eût pas été difficile, avec un peu d'adresse, de la mettre nue sans qu'elle y fît réflexion (2). Or, si Mlle Stewart n'était pas très intelligente, elle était adorablement excitante. En effet, pour soutenir sa cause, elle se mit à remonter ses jupes jusqu'au dessus du genou. Toute l'assistance se plongea dans l'admiration. Seul, le duc d'York se posa en critique. La jambe de Mlle Stewart était trop menue; il préférait une jambe plus grosse et moins longue. Il n'y avait point de salut pour une jambe sans bas vert. Or, M. de Chesterfield savait parfaitement que sa femme avait la jambe grosse et courte et portait des bas verts. Quand un mari berné cherche un confident, il a toujours des choix exquis. Chesterfield conta ses soupçons et ses malheurs à Hamilton, le premier des galants de sa femme et servit ainsi à une explication qui les réconcilia. Mais Mme Denham, furieuse de voir le duc d'York lui échapper, eut soin d'exciter Chesterfield, qu'Hamilton avait calmé. A de nouvelles confidences Hamilton, dans une crise de jalousie, répondit en engageant Chesterfield à mener incessamment sa femme à la campagne. On était en plein hiver. Rien n'y fit. Il installa la petite Chesterfield dans une maison des champs pour passer les fêtes de Noël, laissant ainsi le champ libre à Mme Denham. Le vieux Denham n'avait pas de maison de campagne où cacher la femme qu'il surveillait, mais il avait voyagé en Italie. On y connaît des moyens plus sûrs

(1) Archives des Affaires étrangères : Angleterre, CXXXVII.
(2) Hamilton. *Mémoires de Grammont.*

d'éviter les accidents du mariage. Une tasse de chocolat, habilement assaisonnée, mit fin aux intrigues de la coquette. Denham, menacé d'être lapidé par la populace de son quartier, ordonna un enterrement magnifique, où l'on distribua au peuple quatre fois plus de vin brûlé qu'on n'en avait bu dans aucun enterrement en Angleterre (1). Cela le réconcilia avec la populace.

Tels étaient les jeux et les propos de la Cour de Charles II sur la fin de l'année 1662. Le roi, alors en très bonne santé, se rendait très souvent à Hampton Court et en revenait le jour même, mais sans suite et comme un simple particulier. Le matin, il prenait de l'exercice dans la cour du tennis, lorsqu'il ne sortait pas à cheval. S'il montait, il était en selle dès la pointe du jour et rentrait avant midi. Il aimait beaucoup le jardinage, s'intéressait aux plantations de la grande avenue de tilleuls, rayonnant de la façade Est du palais et au creusement du grand canal qui s'étend de cette façade jusqu'au fleuve (2).

Buckingham, Killegrew et Berkeley, comte de Falmouth, étaient alors ses favoris. Un jour, Thomas Killegrew entra chez le roi en costume de pèlerin. « — Où vas-tu ? lui demanda le roi. — En enfer, répondit Killegrew. Je vais demander au diable qu'il envoie Olivier Cromwell se charger des affaires de l'Angleterre. Car, pour ce qui est de son successeur, il est toujours occupé d'autres affaires que de celles-là (3) ». Charles II se mit à rire, mais il ne s'en occupa pas davantage des affaires de l'État. Le comte de Falmouth devait sa haute position au rôle d'entremetteur qu'il jouait entre le roi et lady Castlemaine. Il faisait grande dépense, avait belle humeur et tour d'esprit libertin. Quand il fut tué au combat naval de Lowestoft, le roi et surtout le duc d'York le pleurèrent ; lady Castlemaine le regretta aussi. C'était un confident, et peut-être plus. Des

(1) Hamilton. *Mémoires de Grammont*, ch. IX.
(2) Law. *A Short history of Hampton Court*, p. 261.
(3) Jesse. *Memoirs*, III, 337.

amis de Pepys prétendaient l'avoir vue se mettre au lit, tandis que Berkeley était dans sa chambre (1).

Elle était plus en faveur que jamais dans l'année 1663. Le roi soupait chez elle au moins quatre fois par semaine et restait avec elle jusqu'au matin, mais il revenait toujours se coucher dans la chambre de la reine. Les sentinelles du palais voyaient ces promenades nocturnes et en jasaient. En février 1663, on fit beaucoup de bruit d'une fantaisie de la favorite. Elle avait engagé Mlle Stewart à un divertissement. Il lui passa par la tête un caprice qu'elle prétendit contenter. Elle voulut être mariée avec Mlle Stewart. La noce se fit avec l'anneau, les cérémonies religieuses, les rubans et l'enlèvement de la jarretière. De méchantes langues prétendirent que lady Castlemaine, qui jouait le rôle de l'épouseur, se leva pour céder sa place au roi (2). Mais ce n'était là qu'un cancan. Miss Stewart, experte demi-vierge, allumait et ne flambait jamais. La parodie des rites anglicans avait très fort choqué les esprits religieux et notamment le chancelier Clarendon. On disait que lady Castlemaine avait étudié l'Arétin, qu'elle poussait le roi à ne s'occuper que de ses plaisirs et à avoir en horreur tout ce qui demandait du travail. En fait, tous ceux qui prétendaient lui donner de sages conseils étaient bien vite délaissés pour les conseillers de plaisir qui l'entouraient. Le chancelier, traité de vieux radoteur, ne faisait plus aucune figure à la Cour (3). Il était même rare qu'il parlât au roi. Quand le duc de Buckingham, qui était devenu l'un des principaux favoris, le voyait paraître, il disait au roi : « Sire, voici notre maître d'école qui vient ». D'autres fois, dans la chambre même du roi, il prenait le soufflet du foyer et le portait avec une gravité ridicule, caricaturant le chancelier portant le grand sceau. Alors le colonel

(1) Burnet. *Histoire d'Angleterre*, t. I, p. 195. — Pepys. *Journal*, 16 décembre 1663.

(2) *Journal de Pepys*, 9 février 1663.

(3) *Journal de Pepys*, 15 mai 1663.

Titus se mettait à marcher devant lui, la pelle sur l'épaule, comme un huissier qui porte la masse (1). De la reine, on ne parlait presque plus. Jadis, quand l'ambassadeur d'Espagne s'opposait au mariage, il avait prétendu pouvoir affirmer que l'infante portugaise n'était point capable d'avoir des enfants. On n'avait point attaché d'importance à ces propos (2). Le comte de Bristol, comme machination contre le chancelier, avait envoyé à Lisbonne un cordelier pour savoir si on ne lui avait point fait prendre quelque breuvage qui l'eût rendue stérile. Peut-être aussi trouverait-on quelque nullité dans les formes, qui permettrait un divorce, car on ne pouvait invoquer aucun acte reprochable à la reine (3). Charles II demeura étranger à cette intrigue. Son attitude à l'égard de Catherine était toujours indifférente, mais strictement courtoise.

La comtesse de Chesterfield.
Portrait par Peter Lely, gravé par Thomas Wright.

(1) Hume. *Histoire d'Angleterre*, VI, 197.
(2) Burnet. *Histoire d'Angleterre*, I, 331.
(3) Bibliothèque Nationale. Fds français 10712. Lettre de Comminges au roi, 26 novembre 1663. — En débarquant à Lisbonne, le cordelier fut arrêté par la police et jeté en prison.

Vers ce temps-là, la reine signala un singulier abus qu'avait permis cette indifférence du roi. On venait de publier les dépenses, et elle y était portée pour 40 000 livres. « En le faisant connaître, elle a fait preuve d'esprit » (1). Cette déclaration fit, en effet, bonne impression dans le public. Mais la reine était étrangère, n'avait pas donné d'héritier et elle ne rencontrait guère que la sympathie d'une élite. Le 13 juillet 1663, Pepys s'amusa à aller, dans Pall Mall, assister au retour de la promenade au Parc du roi, de la reine et des filles d'honneur. « J'attendis leur retour, raconte-t-il, en me promenant parmi les gens de cour qui restaient là dans le même but. Le roi et la reine arrivèrent bientôt, celle-ci vêtue d'une veste blanche garnie de dentelles avec une jupe cramoisie. Ses cheveux étaient arrangés à la négligente; elle était vraiment fort bien. Le roi était aussi à cheval parmi les autres dames. Il ne faisait aucune attention à elle et, lorsqu'elle voulut descendre, personne ne se précipita pour lui venir en aide, comme elle paraissait s'y attendre. Ce fut son écuyer qui lui donna la main. Elle paraissait de méchante humeur, était très triste. Personne ne lui parlait; elle ne parlait ni ne souriait à personne. Elle avait sur son chapeau une plume jaune qui attirait tous les regards. Elle était encore très jolie. Je suivis la Cour jusque dans Whitehall où, en présence de la reine, toutes les dames se promenaient, bavardaient, jouant avec leurs chapeaux, leurs plumes, les essayant, les échangeant et plaisantant. C'était pour moi un spectacle ravissant de voir tous ces beaux habits, ces belles dames, Mme Stewart surtout dans ce costume, avec ce chapeau retroussé, orné d'une plume rouge. J'admirais son petit nez romain, sa belle tournure. Elle est certainement la plus grande beauté que j'aie vue de ma vie ».

La correspondance des ambassadeurs ne contient pas traces de préoccupations plus graves. « Le chevalier de

(1) *Journal de Pepys*, 7 mars 1663.

Grammont (1), écrit quelques mois plus tôt le comte de Comminges, arriva hier fort content de son voyage. Il a été reçu le plus agréablement du monde. Il est de toutes les parties du roi et commande chez Mme de Castlemaine qui fit hier un assez bon tour. Mme Jaret, avec laquelle elle a ici un grand démêlé, devait donner à souper à Leurs Majestés. Toutes choses préparées, et la compagnie assemblée, le roi en sortit et s'en alla chez Mme de Castlemaine où il passa l'après-midi. Cela a fait grand bruit. Les cabales se remuent. Chacun songe à la vengeance. Les unes sont pleines de jalousie, les autres de dépit, et toutes en général d'étonnement. Le ballet est rompu, manque de moyens. Il n'y a personne qui sache danser, et moins encore pour le diriger et former un sujet. Il y a bal de deux jours l'un et comédie. Les autres jours se passent au jeu, les uns chez la reine, les autres chez Mme de Castlemaine, où la compagnie ne manque pas d'un bon souper. Voilà, Sire, à quoi on passe le temps (2) ». Rien d'utile, rien de sérieux. Le 4 juillet, Pepys assiste à une revue de Hyde Park. « Quel spectacle ! les beaux chevaux ! les beaux officiers ! le roi ! les ducs ! les deux reines dans la même voiture de la reine-mère ! » Mais cet hommage rendu à la splendeur du coup d'œil, le mémorialiste redevient chagrin : « Cette revue avait pour prétexte de montrer à une marquise française la

(1) Le chevalier (de Grammont), dit Bussy-Rabutin dans son *Histoire amoureuse des Gaules*, avait les yeux riants, le nez bien fait, la bouche belle, une petite fossette au menton qui faisait un agréable effet sur son visage, je ne sais quoi de fin dans la physionomie, la taille assez belle s'il ne se fût point voûté, l'esprit galant et délicat. Il écrivait le plus mal du monde. Quoiqu'il soit superflu de dire qu'un rival est incommode, le chevalier l'était au point qu'il eût mieux valu, pour une pauvre femme, en avoir quatre sur les bras que lui seul. Il était libéral jusqu'à la profusion et, par là, sa maîtresse ni ses rivaux ne pouvaient avoir de valets fidèles. D'ailleurs le meilleur garçon du monde. Une chose, qui faisait qu'il lui était plus difficile de persuader qu'à un autre, était qu'il ne parlait jamais sérieusement. Ce qui faisait qu'il fallait qu'une femme se flattât beaucoup pour croire qu'il était amoureux d'elle.

(2) Bibliothèque Nationale. Fds français, 10712. Lettre de Comminges à Louis XIV, 25 janvier 1663.

justesse de tir de nos soldats. Je vis les gardes faire l'exercice et décharger leurs fusils. Ils manœuvraient très bien, quoiqu'il y eût quelque faute de temps à autre, et lorsque nous quittâmes le parc, une décharge arriva si près de nous que nous manquâmes avoir les cheveux brûlés. En contemplant ces élégants militaires, je pensais que ce ne sont pas là des soldats pour défendre le roi et je les trouvais semblables à ceux qui perdirent son père et se laissèrent battre par des hommes grossiers (1). » Pepys semble, d'ailleurs, être devenu pessimiste. « Le roi, inscrit-il dans son journal le 30 juin, est plus épris que jamais de Mme de Castlemaine et de Mme Stewart! Que Dieu mette un terme à ce scandale! » Il n'est pas plus satisfait le mois suivant, car tous les gens bien informés lui assurent que lady Castlemaine n'est plus bien en cour. Sous un prétexte frivole, elle a quitté Londres. « J'en suis fâché, conclut-il, et cependant, si le roi quittait en même temps ses autres maîtresses, j'en serais ravi, espérant qu'il s'occuperait d'affaires. » Renseignements pris, il paraît que lady Castlemaine a essayé de causer de nouveaux ennuis à la reine Catherine. Cette princesse était à sa toilette, et dans les mains du coiffeur, qui était fort long à l'atiffer quand survint Mme Castlemaine. « Je m'étonne, dit-elle, que Sa Majesté ait la patience de rester si longtemps à sa toilette. — J'ai tant de raisons de m'habituer à la patience, répondit la reine, que je supporte très bien cet ennui. » Là-dessus, Mme Castlemaine de se lever et de se retirer comme si elle était congédiée de la Cour. Mais bientôt le roi, sous prétexte d'aller à la chasse, va à Richmond se réconcilier avec sa maîtresse et la fait revenir à la Cour. « La nuit dernière, raconte Pepys le 23 juillet, il y avait réception privée en l'honneur du roi et de la reine, chez le duc de Buckingham. Lady Castlemaine n'était pas invitée. Chez sa tante, lady Suffolk, on l'entendit dire au dîner : « Grand bien leur fasse! Je m'amuserai autant qu'eux. » Puis, elle rentra chez elle faire préparer

(1) *Journal de Pepys*, 4 juillet 1663.

un grand souper et, après que le roi et la reine eurent été à Wallingfordhouse, le roi vint chez elle et y resta toute la nuit avec milord Sandwich. » Quelques semaines plus tard, le roi, qui revient de Bath, dîne chez lady Castlemaine. La cuisinière vient avertir que l'eau envahit la cuisine. « Morbleu! fait la favorite, que la maison brûle, mais que le bœuf soit rôti (1)! »

Lady Denham.
Portrait par Peter Lely, gravé par T. Wright.

Un des amis, qui apportent à Pepys les nouvelles de la Cour, estime en juillet que dès que le roi aura trouvé un mari pour Mme Stewart, milady Castlemaine aura l'herbe coupée sous le pied, car Mme Stewart la surpasse en beauté et est très en faveur. Pendant la maladie de la reine, Mlle Stewart se croit, en effet, bien près du trône. Le comte de Comminges écrit à Louis XIV que Charles II en est fortement épris. « Le roi est amoureux fou de Mme Stewart qu'il attire dans des coins, et il reste une demie heure à l'embrasser au vu de tout le monde, dit le chirurgien Pierce

(1) *Journal de Pepys*, 13 octobre 1663.

à Pepys (1). » C'est le moment où le chevalier de Grammont, celui dont Saint-Evremond a dit : « Jamais il ne sera de vie plus admirée et moins suivie », après cour assidue à Mlle Hamilton et promesse de mariage, essaie de s'échapper de Londres sans remplir sa promesse. Hamilton, le frère de la délaissée, prend la poste et court sur ses pas, résolu à lui proposer un duel s'il refuse de remplir ses engagements. Il atteint le fugitif à quelques milles de Londres. « N'avez-vous rien oublié dans la capitale, lui dit-il froidement? — Ma foi, oui, fait le chevalier, j'ai oublié d'épouser votre sœur. » Et il retourne à Londres pour procéder au mariage. Toute la Cour, pense-t-il, va parler de cette aventure romanesque. Vaine espérance! L'on publie le même jour que lady Castlemaine s'est déclarée papiste. « Le mariage du chevalier de Grammont, dit de Lionne dans une lettre à Louis XIV, et la conversion de Mme Castlemaine se sont publiés le même jour. Le roi d'Angleterre étant prié par les amis de la dame d'apporter quelque obstacle à cette action, répondit galamment, que pour l'âme des dames, il ne s'en mêlait point. » Il continue cependant à faire des folies pour Mlle Stewart. Elle est logée dans l'appartement du bas du Palais, Mme Castlemaine en haut. Lorsque le duc d'York ou quelque courtisan désire lui parler, la question qu'on pose aux sentinelles est : « Le roi est-il en haut ou en bas? (2) » On croit remarquer que Mme Castlemaine s'ingénie à démontrer qu'elle est toujours en faveur. Quand en mai les calèches commencent à voir le jour, elle prend plaisir à sortir à cheval ou en voiture avec Mlle Stewart et jamais on n'a vu deux rivales vivre en si bonne intelligence (3). « Il y a deux jours, écrit le comte de Comminges

(1) Bibliothèque Nationale. Fds français 10712. — *Journal de Pepys*, 9 novembre 1663.

(2) *Journal de Pepys*, 20 janvier 1664.

(3) Bibliothèque Nationale. Fds français 10712. Lettre de Comminges à Louis XIV, 29 mai 1664. Le comte de Comminges ajoute : « Ce n'est pas qu'*on* les ménage beaucoup et qu'on prenne grand soin de cacher ses larcins. »

à de Lionne, Mme de Castlemaine, sortant de chez Mme la duchesse, qui demeure présentement à Saint-James, accompagnée d'une seule demoiselle et d'un petit page, fut rencontrée par trois gentilshommes masqués qui lui firent la plus forte et dure réprimande que l'on se puisse imaginer, jusqu'à lui dire que la maîtresse d'Édouard IV était morte sur un fumier, abandonnée de tout le monde. Vous pouvez penser si le temps lui dura, car le parc est plus long que de chez Renard (1) au Pavillon. Sitôt qu'elle fût dans sa chambre, elle s'évanouit. Le roi, qui en fut averti, courut au secours et, étant informé de l'affaire, fit fermer toutes les portes et arrêter tout ce qui s'y trouva. Sept ou huit personnes, qui s'y rencontraient, ayant été confrontées et point reconnues, ont publié l'aventure que l'on a bien voulu étouffer, mais je crois que ce sera difficile (2). » Il est plus difficile encore de donner le change sur les prouesses des demoiselles d'honneur.

Cette mauvaise langue de docteur Pierce attribue la faveur du docteur Frazer, son rival, aux services qu'il rend aux dames de la Cour, quand elles veulent se débarrasser d'une grossesse (3). Deux ans avant, l'une d'elles, en dansant à la Cour, a laissé tomber un enfant (4). Cette fois-ci, l'incident est moins grave, mais il fait tapage, à en juger à la sévérité avec laquelle en parle Pepys. « Je crois,

(1) Renard, arquebusier et artificier du roi, avait au bord de la Seine, aux Tuileries, un jardin où les gens du bel air venaient souper et amenaient des violons, (Auguste Baluffe, *Autour de Molière*, 61-81).

(2) Bibliothèque Nationale. Fds français 10712. Lettre de Comminges à de Lionne, 2 octobre 1664.

(3) *Journal de Pepys*, 19 septembre 1664.

(4) *Journal de Pepys*, 6 janvier 1663. Pepys conclut : « Personne ne sut qui était la mère », et ailleurs il ajoute : « Le roi fit apporter le petit cadavre dans un mouchoir, dans son cabinet et l'a disséqué. » D'après les *Mémoires de Grammont*, l'accouchée était une fille d'honneur qui s'appelait Warmestré. Son vrai nom était Mary Kirk. Un *lampoon* (chanson satirique), *Demandes et réponses du café Garraway* s'exprime ainsi à son sujet : « Combien de fois Mme Kirk a-t-elle vendu sa fille avant de la marier au comte d'Oxford? — Demandez au prince et à Harry Jermyn. »

dit-il des filles d'honneur, qu'elles ne trouveront pas beaucoup d'épouseurs. Milady Castlemaine disait en riant que sa fille, qui a un an ou deux, serait la fille de la Cour qui se marierait la première (1). »

Mlle Jennings est une des plus brillantes des filles de la duchesse d'York. Parée des premiers trésors de la jeunesse, elle ne laisse d'adorateurs à ses compagnes que ceux que l'espoir du succès y attache. « Ses cheveux, dit son beau-frère, Antoine Hamilton, (2) étaient d'un blond parfait. Quelque chose de vif et d'animé défendait son teint du fade qui, d'ordinaire, se mêle dans une blancheur extrême. Sa bouche n'était pas la plus petite, mais c'était la plus belle du monde. Pour achever, en un mot sa figure donnait une idée de l'Aurore ou de la déesse du Printemps, telles que messieurs les poètes nous les offrent dans leurs brillantes peintures. Elle était toute pétillante d'esprit et de vivacité. Ses gestes et tous ses mouvements étaient autant d'impromptus. Sa conversation était séduisante, quand elle voulait plaire, fine et délicate, quand elle voulait donner du ridicule. Mais comme son imagination l'emportait souvent et qu'elle commençait à parler avant que d'achever de penser, ses expressions ne signifiaient pas toujours ce qu'elle voulait et ses paroles rendaient quelquefois trop peu, quelquefois beaucoup trop, les choses qu'elle pensait (3). »

Cette petite folle de Jennings était d'une insigne curiosité. Or, il se répandit dans ce temps-là la nouvelle qu'il était arrivé dans une des retraites les plus reculées de la Cité, un médecin allemand « farci de secrets merveilleux et de remèdes infaillibles (4) ». Ce prétendu médecin n'était autre que Lord Rochester, l'homme d'Angleterre qui

(1) *Journal de Pepys*, 21 février 1665.

(2) Mlle Jennings épousa en premières noces George Hamilton et, plus tard, Richard Talbot, créé duc de Tyrconnel par Jacques II.

(3) Hamilton. *Mémoires de Grammont*, ch. IX.

(4) Hamilton. *Mémoires de Grammont*, ch. XII.

avait le plus d'esprit et celui qui en profitait le mieux pour déchirer son prochain. Rochester était de ceux qui sacrifieraient leur meilleur ami pour un bon mot, et ses satires frappant d'estoc et de taille sur les favorites, les filles d'honneur et les grands personnages, le faisaient, au moins une fois par an, bannir de la Cour. Mais l'esprit même, qui l'en avait fait chasser, l'y faisait rappeler, le roi ayant beaucoup de goût pour un poète aussi mordant, du moins quand il ne mordait aucun de ceux et de celles qu'il était défendu de mordre. Cette fois-là, l'exil durant trop au goût de Rochester, il s'était ennuyé et pour se divertir, s'était mis en tête de venir séduire les beautés de la Cité, comme il avait jadis fait ses frais parmi les beautés de la Cour. Il s'était donc improvisé liseur dans le passé, astrologue, médecin. « La vertu des remèdes consistait principalement à soulager en peu de temps les pauvres filles de tous les maux et de tous les accidents où elles pouvaient être tombées, soit par trop de charité pour le prochain, soit par trop de complaisance pour elles-

La Belle Hamilton, duchesse de Grammont.
Portrait par Peter Lely, gravé par J. Tompson.

mêmes (1) ». Petites marchandes, soubrettes de la Cour, femmes de chambre des dames de qualité n'avaient pas tardé à lui former une nombreuse clientèle. Elles avaient tant célébré la science, l'inexplicable connaissance qu'avait l'Allemand, des histoires les plus secrètes de la Cour, que la petite Jennings et son amie Price ne purent résister au désir d'aller voir de près cet homme incomparable. Mlle Price avait une réputation un peu endommagée par les satires de Rochester, ce qui n'était point le cas de Mlle Jennings. Croyant que, tant qu'elle conserverait sa vertu, il importait peu qu'elle s'amusât de telle ou telle façon, la petite Jennings se prétendit malade pour esquiver son service auprès de la duchesse et les deux folles s'habillèrent comme les filles qui vendaient des oranges aux Comédies et dans les promenades publiques. C'était alors la classe la moins estimable de la société. Elles n'avaient donc pu trouver de déguisement qui, à leur sens, les rendît plus méconnaissables. Les voilà qui sortent du Palais de Saint-James, traversent le parc à pied et s'embarquent à Whitehall dans un fiacre. Bientôt, elles arrivèrent près du théâtre. La duchesse d'York y assistait à la comédie avec sa sœur. Ne serait-il pas amusant, insinua Mlle Price, de se joindre aux véritables marchandes d'oranges et d'aller offrir leurs corbeilles, jusque sous le nez de la duchesse et de sa suite. C'était là une si belle idée que l'on ne pouvait résister à pareille proposition. Les deux jeunes filles paient leur fiacre et se présentent à la porte de la Comédie, au moment où le beau Sidney descendait de son carrosse. Vainement, Price lui tend son panier. Sidney donnait un dernier coup de peigne vainqueur à ses cheveux et était trop occupé de sa personne pour prêter la moindre attention à la jolie marchande d'oranges. Killegrew suivait Sydney. La belle Jennings lui tendit timidement sa corbeille, tandis que Price, initiée au langage de l'endroit, l'invitait à lui acheter ses belles oranges. « Pas pour le

(1) Hamilton. *Mémoires de Grammont*, ch. XII.

moment, ma chère, mais si tu veux demain m'amener cette petite fille, ça te rapportera plus que toutes les oranges de ton panier. » Et, tandis qu'il tenait ces propos à Price, il caressait le menton de Jennings et descendait fourrager dans sa gorge. La belle Jennings révoltée le repoussa le plus rudement qu'elle pouvait. « Ah! fit Killegrew, ma foi, voilà qui est nouveau. Une petite p....., qui pour faire valoir sa marchandise, fait la précieuse et prétend avoir des sentiments ». Et comme il pouffait de rire, Price en profita pour entraîner rapidement Jennings, presque paralysée par la terreur. Elle en avait assez du métier de marchande d'oranges et, si Price l'eût écoutée, on fût retourné tout droit à Saint-James. « Et le médecin d'Allemagne? » fit Price. Ainsi rappelée à l'ordre, Jennings se laissa entraîner dans un nouveau fiacre. Le cocher savait l'adresse du diseur de bonne aventure; il avait déjà mené chez lui plus de cent jolies filles. Elles étaient à quelques portes de son logis, lorsque leur survint une nouvelle aventure. Brouncker, gentilhomme de la chambre du duc d'York, l'immoral licencieux Brouncker, celui que Marvell appelle « l'écuyer d'amour, l'homme à la petite maison de campagne toujours meublée de grisettes », avait dîné chez un marchand du quartier et rentrait chez lui. La vue de deux marchandes d'oranges en fiacre était chose assez nouvelle pour attirer l'attention du vieux renard. Le soin même que mirent les jeunes filles à commander à leur cocher de poursuivre sa route, l'invita à les suivre à la dérobée et son étonnement ne diminua point quand il vit que les souliers et les bas, qui couvraient de fort jolis pieds et des chevilles très fines, étaient d'une qualité peu en rapport avec le reste du costume. Enfin, il réussit à distinguer leur visage et, reconnaissant les filles d'honneur, il ne manqua pas d'attribuer leur déguisement aux motifs les plus coupables qu'il put imaginer. Sans doute, Mlle Price menait la petite Jennings en bonne fortune. Comme cette dernière était chaudement courtisée par Jermyn, le meilleur de ses amis, il éprouva « une joie secrète à la pensée qu'il serait cocu avant que d'être marié (1) ». Mais, avant tout, il importait de ne point déranger un si beau dessein. Aussi, se borna-t-il à lancer quelques lardons aux jeunes filles, comme s'il les prenait pour de vraies marchandes d'oranges, et il leur souhaita le bonsoir en riant. Mais elles n'étaient pas au bout de leurs mésaventures. Tandis qu'elles subissaient les impertinences de Brouncker, il s'était formé, tout autour de la voiture, un attroupement de galopins, désireux d'escamoter les oranges abandonnées à la garde du cocher. Celui-ci était homme d'honneur. Il tenta de repousser l'assaut des pillards. Une mêlée s'ensuivit et mit toute la rue en l'air. Jennings et Price durent payer rançon en abandonnant leurs oranges, avant de remonter dans le fiacre et, oubliant l'astrologue, reprirent la route de Saint-James, au milieu des quolibets et des injures (2). Elles arrivèrent au palais du duc d'York, si déconfites, si dégoûtées, si transies de peur, que leurs compagnes n'eurent pas de peine à leur arracher le récit de leur mésaventure.

Fort heureusement pour elles, les commérages de la Cour avaient d'autres aliments. Lord Castlemaine venait de rentrer de France. Il avait un peu troublé la fête en trouvant sa femme « augmentée de deux beaux enfants. » Puis, la Cour s'amusait de l'indignation de Mme de Fienne contre son mari qui avait engrossé sa femme de chambre (3). Enfin, l'on jasait beaucoup sur les bonnes fortunes du duc de Monmouth, qui avait à peine seize ans. Lorsque la reine-mère l'avait ramené de France, Charles II s'était beaucoup plus occupé de lui assurer des revenus que de parfaire son éducation. « Il était très beau, dit Mme de Dunois, extrêmement bien fait et avait un air de grandeur assorti à sa naissance. Il était brave jusqu'à

(1) Hamilton. *Mémoires de Grammont*, ch. XII.

(2) Toute cette aventure a été racontée par Hamilton. La date approximative en est fournie par le *Journal de Pepys*. Jesse, dans ses *Memoirs* (t. III, p. 234-235), a ajouté quelques traits aux deux récits.

(3) Bibliothèque Nationale. Fds français 10172. Lettre de Comminges à de Lionne, 9 mars 1665.

l'excès. Il dansait à la perfection et d'un air qui charmait tous ceux qui le voyaient. Il était riche, jeune, galant et, comme je l'ai déjà dit, le plus beau et le mieux fait des hommes. Après cela, on ne trouvera point étrange que bien des dames se soient fait une affaire de le conquérir (1) ».

Parmi elles, Charles II eut le désagrément de constater les manèges de sa maîtresse, Mme Castlemaine, qui, en décembre 1662, lui faisait les avances les moins douteuses. Rien ne pouvait lui être plus désagréable qu'un pareil rival. Charles II résolut donc de marier James. Il lui assura la main d'une riche héritière écossaise, Anna Scott, comtesse de Buccleuch. Le mariage eut lieu le 20 avril 1663, mais il fut loin de mettre fin aux aventures de Monmouth.

Frances Jennings, duchesse de Tyrconnel.
Portrait de Huysmans.

Lui, le duc de Richmond, le comte d'Arran, second fils de Lord Ormond, menaient une vie de débauchés et scandalisaient une cour qui n'était point facilement scandalisable. Les mœurs, en effet, permettaient alors bien des licences. Pepys raconte quelque part ce qui se passait à une grande

(1) Cité par Jesse. *Memoirs*, III, 114.

réunion de dames chez Milady Batten. « Milady me poussa sur le lit, se jeta sur moi. Après, ces dames suivirent son exemple, et nous nous amusâmes beaucoup (1) ».

Le peuple s'amusait moins. Une requête au roi dit vers cette époque : « Les peuples sont dans une situation désespérée, les chefs de famille si accablés d'impôts qu'ils n'osent ouvrir leur porte, sans quoi le collecteur vient saisir un lit ou un plat. Les peuples maudissent le roi, regrettent Cromwell et disent que peu importe que les Hollandais ou le diable vienne, ils ne sauraient s'en trouver plus mal. De sorte que, là où on ne trouverait pas un seul homme pour combattre pour sa Majesté, il y en aurait dix à combattre contre lui, et on ne trouverait pas dans la noblesse dix hommes qui se lèveraient... Jamais les impôts ne furent aussi élevés. Jamais roi ne fut plus volé. Tous sont mécontents. Les soldats se voient voler leur solde, ce à quoi Sa Majesté devrait veiller comme à sa propre vie, car, s'ils lui manquent, il ne serait pas roi un instant de plus. Lord Gerard (qui commandait les gardes de Charles II) maltraite et exploite si complètement les gardes, qui, pour la plupart, sont apparentés à des familles loyales, que l'on en voit sortir les personnes de qualité qui ont fait des démarches pour y entrer à la restauration, et ils disent qu'un soldat peut risquer sa vie et sa fortune, et cela pour mourir de misère... On fait courir le bruit que Sa Majesté a dit que rien n'est tel que de tenir le soldat dans la pauvreté. Elle ne devrait point négliger le soldat. La nation dit que le roi songe à ses plaisirs, et n'entend point les soupirs et les murmures de ses pauvres sujets. Leur patience est à bout. Ils disent que les places sont données à des gens qui auraient coupé la gorge au roi et qui le feraient encore si l'occasion s'en présentait. Ils disent qu'il y a autour de Sa Majesté une foule de gens qui ne lui laissent rien entendre qui puisse l'empêcher de les voir sous un jour agréable, tant qu'ils n'ont point eu

(1) *Journal de Pepys*, 12 avril 1665.

satisfaction. En conséquence, ces gens de son entourage se gardent bien de lui dire que la nation est prête à se soulever au moindre souffle de vent, tant elle est opprimée... Aucun des courtisans ne fera connaître à Sa Majesté l'étendue de la perte qu'elle a subie dans la nation entière. Les gens disent : « Que l'on donne au roi sa comtesse de Castlemaine et il ne se soucie plus de ce que souffre la nation (1). » Cette curieuse pétition est un spécimen du déchaînement universel contre la Cour et la favorite. Il courut vers le même temps un pamphlet, la *Pétition des pauvres putains, ribaudes, maquereaux et maquerelles à la très splendide, très illustre et sereine et éminente dame de plaisir, la comtesse de Castlemaine, en vue d'obtenir sa protection contre la compagnie des apprentis de Londres, par le fait desquels elles ont subi la perte de logements, commerce et emplois et d'avoir une garde composée de spadassins français, irlandais et anglais, qui sont leurs amis reconnus.* Putains, ribaudes, maquereaux et maquerelles s'engageaient à payer une taxe à la comtesse, « comme leurs sœurs de Rome et de Venise le font au pape (2). » Cette pétition irrita vivement la comtesse de Castlemaine, qui en fit rechercher l'auteur pour le punir. Il était interdit, d'ailleurs, de se permettre la moindre attaque contre sa vertu dans le passé. Harry Killegrew, un des gentilshommes du duc d'York, fut banni de la Cour pour avoir conté qu'elle était légère dans sa jeunesse (3). C'est que les Killegrews

(1) *Calendar State papers domestic* : 1666, t. V, p. 477. — L'auteur de cette pétition est une femme qui termine en disant qu'elle ne peut que prier pour Sa Majesté.

(2) *Calendar State Papers Domestic : Charles II*, t. VIII, p. 306 — Le document se termine ainsi : « Signé par nous, Madame Creswell et Damaris Page au nom de nos sœurs et compagnes de souffrances (en ce jour de notre calamité) dans la Cour du Chien et de la Chienne pleine, Lukener's Lane, Saffron Hill, Moorfields, Chiswell Street, Rosemary Lane, Grande Route de Ratcliffe, Well Close, Church Lane, East Enuttfield, etc.

(3) *Journal de Pepys*, 21 octobre 1666.

avaient la mauvaise habitude de garder leur franc-parler. Thomas dit un matin, d'un ton négligent, à Charles II que les affaires de l'Angleterre étaient dans une mauvaise passe, mais qu'il y avait moyen d'y porter remède. « Je connais un honnête homme, ajouta-t-il, très capable, qui, si Votre Majesté veut l'employer, s'il veut se fier à lui, veillera à l'exécution de ses ordres et fera tout rentrer dans le devoir. Cet homme est un nommé Charles Stuart qui, à cette heure, passe son temps à bavarder avec ses courtisans et n'a pas d'autre occupation. Si Sa Majesté lui donnait cette charge, elle verrait que personne ne peut la remplacer aussi bien que lui (1). » Charles II accueillit les propos par un sourire, mais il n'avait nulle envie de s'occuper des affaires de l'État. Bien que les affaires les plus urgentes exigeassent à chaque instant son attention assidue, il demeurait parfois des semaines entières sans paraître au Conseil. Killegrew seul l'y ramena. Il avait parié cent livres avec Lauderdale (2) que Charles II paraîtrait au moins une demi-heure au Conseil. Le pari fait, il entra chez le roi. « Je sais, dit-il, que Votre Majesté déteste Lauderdale, et que c'est seulement le besoin de vos affaires qui vous porte à vous montrer courtois pour lui. Eh bien ! si vous trouvez bon de vous débarrasser de lui, il vous suffira seulement d'aller cette fois au Conseil. Je connais son avarice. Je sais fort bien que, plutôt que de payer ces cent livres, il se pendrait de dépit et cesserait de vous tourmenter. » Charles sourit à la pensée de jouer un mauvais tour à son ministre. « Eh bien ! Killegrew, je vous promets positivement que j'y vais. » Il tint parole et Killegrew gagna son pari (3).

Avec cette indifférence du roi pour ses affaires, il n'est pas étonnant que tout marchât de travers même dans

(1) *Journal de Pepys*, 8 décembre 1666.

(2) Lauderdale était un des membres du ministère dit « La Cabale » à cause des initiales des noms de ministres qui le composaient.

(3) Jesse. *Memoirs*, III, 337.

James Fitzroy ou Scott, duc de Monmouth.
Portrait par Peter Lely, gravé par A. Blooteling.

l'administration des palais. Un jour d'avril 1667, le roi ne trouvant pas du papier sur la table du Conseil, se met en colère. On appelle Wooly chargé de ce service, et il expose au roi qu'il est pauvre, qu'il a avancé pour lui quatre ou cinq cents livres qui représentent tout son avoir et qu'il lui est impossible de fournir du papier sans argent, car il n'a rien reçu depuis la restauration. « Et dire, ajoute Pepys qui nous fournit ces renseignements, que le roi reçoit chaque jour des affronts dans ce genre, capables de rendre fou un homme de cœur! »

Toutes ces misères n'ont pas empêché les fêtes de la Cour de briller du plus vif éclat pendant tout l'hiver. Au bal du 15 novembre 1666, « Mlle Stewart était habillée de dentelles blanches et noires. Sa tête et ses épaules étaient ornées de diamants. La reine n'en avait pas. Le roi portait une veste de soie magnifique doublée de toile d'argent et d'autres étoffes somptueuses. Après son arrivée, il prit la reine par la main; quatorze couples suivirent son exemple et commencèrent le branle. Après le branle, on dansa une courante et, de temps à autres, une danse française, celle que le roi appelle sa nouvelle danse (1). » Dans la journée, les costumes des dames sont presque aussi élégants. Les dames et les demoiselles d'honneur sont en amazones avec des pourpoints à grandes basques, pareils à ceux des hommes, boutonnés sur la poitrine. Elles ont des perruques sous leurs chapeaux. C'est Mlle Wells qui a inauguré cette mode (2). « C'était une grande fille faite à peindre, qui se mettait bien, qui marchait comme une déesse ». Le roi, un peu rassasié de la comtesse de Castlemaine et point gâté par les petites mines de la belle Stewart, l'avait pressée un peu vivement. Elle s'était rendue à discrétion et le duc de Buckingham l'avait chansonnée en jouant sur le sens du mot Wells qui en anglais signifie puits.

Quand le roi de ce puits sentit l'horreur profonde,
« Progers, (3) s'écria-t-il, que suis-je devenu ?
Ah! depuis que j'y sonde,
Si je n'avais cherché que le centre du monde
J'y serais parvenu (4) ».

(1) *Journal de Pepys.*
(2) *Journal de Pepys*, 11 juin 1666.
(3) Edouard Progers était le confident des menus plaisirs du roi. Créé en 1660 chevalier de l'ordre du Chêne Royal, il mourut à quatre-vingt-seize ans de l'éruption de quatre nouvelles dents.
(4) Hamilton. *Mémoires de Grammont*, ch. VII.

Le caprice royal pour Mlle Wells n'avait pas duré. La belle Stewart avait annoncé vers ce même moment son prochain mariage. La brouille s'était mise entre elle et la comtesse de Castlemaine. On n'était plus au temps où le roi, rendant visite au matin à sa maîtresse, trouvait les deux rivales couchées ensemble et batifolait avec elles, avant d'assister au petit lever de celle qui ne dépassait pas les bagatelles de la porte. La comtesse de Castlemaine s'était emportée en propos contre la nouvelle chasteté de l'inhumaine Stewart. « Elle vous renvoie sous prétexte de scrupules de conscience et le duc de Richmond sera bientôt chez elle s'il n'y est déjà. Vous êtes la dupe d'une fausse prude qui vous fait faire un personnage ridicule. » Charles II, secoué par cette apostrophe, eut la curiosité de se rendre chez Mlle Stewart. Il était minuit. Il pénétra dans sa chambre, malgré la résistance de ses femmes. Elle s'était mise au lit, mais elle n'était point seule. Le duc de Richmond était assis au chevet de son lit, et ne dormait pas plus qu'elle. Le roi, bien qu'il fut le moins violent des hommes, témoigna sa colère à Richmond dans des termes dont il n'avait pas l'habitude de se servir. Le duc, voyant son maître dans un tel état d'irritation, fit une profonde révérence et sortit. Mlle Stewart monta sur ses grands chevaux et, loin de chercher à se justifier, demanda au roi s'il n'était vraiment pas permis de recevoir les visites d'un homme de la qualité du duc de Richmond et qui avait des intentions qui lui faisaient honneur. Elle ne savait, ajouta-t-elle, aucun engagement qui l'empêchât de disposer de sa main et si cela n'était pas permis en Angleterre, il n'était pas de puissance capable de l'empêcher de passer en France, dut-elle y chercher la liberté de sa personne dans un cloître. Vainement le roi essaya de l'apaiser. Il dut sortir de chez elle sans avoir obtenu son pardon et d'autant plus irrité. Le lendemain, le duc de Richmond eut ordre de ne plus se présenter à la Cour. Il n'avait pas attendu cet ordre et était parti pour une de ses maisons de campagne (1). En même temps, Mlle Stewart allait se jeter aux pieds de la reine et lui demandait sa protection. Si elle avait, disait-elle, accueilli la recherche du duc de Richmond, c'était pour fuir une Cour où une honnête femme était dans un danger perpétuel. Catherine la releva, l'embrassa et lui promit tous les bons offices qu'il lui était possible de rendre. Elle l'engagea, d'ailleurs, à persévérer dans ses intentions de retraite et de mariage. On annonça donc, au mois d'avril 1667, que Mlle Stewart allait quitter la Cour pour rester honnête femme. Elle faisait grand étalage de ses sentiments, disant qu'elle avait accepté la recherche du duc de Richmond, mais qu'elle eût plutôt épousé un gentilhomme ayant 1 500 livres de rentes, que de se laisser prostituer au roi. Elle reconnaissait que les apparences avaient été contre elle et qu'elle avait donné au monde le droit de la prendre pour une courtisane. Aussi tenait-elle à s'expliquer sur ce qui constituait ses ressources. C'était d'abord les 7 000 livres de pension que le roi lui avait accordées pour sa toilette. En outre, elle avait reçu de lui, à son arrivée, un fil de perle d'environ 11 livres et quelques cadeaux de bijoux. Le duc d'York étant son valentin (2) lui avait offert un bijou de 800 livres et lord Mandeville, dans les mêmes circonstances, une bague de 200 livres. Bref, elle avait 6 000 livres de joyaux. « C'est toute sa fortune, écrivait Pepys, c'est une digne femme et elle agit honnêtement. La comtesse de Castlemaine est toute-puissante, et cela prouve que Mme Stewart n'a pas été la maîtresse du roi, car il n'a jamais eu deux maîtresses à la fois (3). »

Malgré le mécontentement du roi, qui s'en était déclaré offensé, le mariage avait été célébré. Le duc et la duchesse de Richmond annonçaient leur intention de séjourner dans

(1) Hamilton. *Mémoires de Grammont*, ch. XII.

(2) Le jour de la Saint Valentin, 14 février, était la fête des garçons et des filles. Les galants ou Valentins faisaient alors un présent à leur Valentine. (Voir *Hamlet*, acte IV, scène 5.)

(3) *Journal de Pepys*, 26 avril 1667.

leurs terres. On disait à la Cour, que la duchesse avait retourné au roi les bijoux qu'il lui avait envoyés à l'occasion de son mariage. « Elle donne là le bon exemple », écrivait Pepys (1), qui vers le même temps notait dans son journal les nouvelles frasques du duc d'York. Celui-ci avait vainement courtisé Mme Middleton « mais, ajoutait Pepys, il en a bien d'autres et il en a toujours eu. On lui amenait des femmes dans son cabinet à Whitehall par les galeries, et il quittait même le lit de la duchesse pour aller trouver d'autres femmes qui l'attendaient déjà couchées. » M. Brouncker n'était plus le seul agent de ses amours. Toute sa famille s'occupait du même métier et était capable de tout pour plaire au duc. Avec une vie aussi scandaleuse, ses affaires étaient en grand désordre (2). Ses amis avaient monté sa maison, son train, ses équipages, sur le modèle des princes de France, et contre toutes les règles et précédents observés en Angleterre à l'égard des

La duchesse de Monmouth.
Portrait par W. Wissing, gravé par B. Williams.
(Bibliothèque Nationale. Estampes.)

(1) *Journal de Pepys*, 16 avril 1667.
(2) *Journal de Pepys*, 23 juin 1667.

frères du roi (1). Bref, il dépensait 60 000 livres sterling par an, quand il n'en avait pas 40 000. La duchesse d'York avait bien vite pris les airs d'une princesse de naissance. « Elle la faisait plutôt trop que trop peu, dit Burnet » (2). C'était non seulement la femme la plus dépensière qu'il y ait au monde, mais la plus orgueilleuse (3). Faisant toujours appel au crédit, le duc et elle manquaient toujours d'argent. Tant que le chancelier fut au pouvoir, les amis du frère du roi lui en imputaient la faute. S'il l'avait voulu, il aurait pu lui faire donner tout l'argent qui lui était nécessaire (4). Buckingham en tirait tous les arguments possibles contre l'homme qu'il voulait renverser. En juillet 1667, il se vit incarcérer à la suite de ses intrigues. La comtesse de Castlemaine le défendit avec acharnement, importunant le roi de ses sollicitations au point qu'il la traita de drôlesse et l'invita à ne point se mêler de choses qui ne la regardaient pas (5). Le bruit d'une rupture courut alors, le roi s'étant abstenu pendant plusieurs jours de paraître chez elle. Elle était enceinte et Charles II lui avait déclaré qu'il savait très bien qu'il n'était pas le père de l'enfant. « Vous le reconnaîtrez, lui dit-elle avec une moue dédaigneuse, quel qu'en soit le père. » Et elle ne lui avait pas caché qu'elle était éprise du jeune Jermyn et jalouse de lady Falmouth que Jermyn allait épouser (6). On prétendait à la Cour que Jermyn était depuis longtemps son amant, que le roi avait failli le surprendre chez sa maîtresse et qu'il s'était caché sous le lit (7). Depuis la scène qui avait éclaté entre eux, au sujet de Jermyn, la dame tenait la dragée haute à Charles II. Elle l'avait contraint à lui demander pardon à genoux et l'avait menacé d'amener tous ses bâ-

(1) Clarendon. *Mémoires*, II, p. 40.
(2) Burnet. *Histoire d'Angleterre*, I, 338.
(3) *Journal de Pepys*, 23 juin 1667.
(4) Clarendon. *Mémoires*, II, 40.
(5) *Journal de Pepys*, 12 juillet 1667.
(6) *Journal de Pepys*, 29 juillet 1667.
(7) *Journal de Pepys*, 30 juillet 1667.

tards à la porte de son cabinet (1). Elle irait, disait-elle, vivre en France car, tant que le chancelier, son ennemi juré, demeurerait au pouvoir, l'existence ne serait pas possible pour elle sur le sol anglais.

C'était donc sur le dos du vieux Clarendon que devait se lier la réconciliation. Ce fut dans la chambre de la comtesse Castlemaine et dans son lit, quoiqu'il fut midi, que le renvoi du chancelier fut décidé. Elle le fit mander par le roi dans un des cabinets voisins, et quand le chancelier congédié, traversa le jardin de Whitehall, elle se leva précipitamment de son lit et courut en chemise dans sa volière en tapant des mains pour applaudir à la chute du ministre. Plusieurs damoiseaux de la Cour étaient là, guettant la sortie de Clarendon, elle leur donna audience dans cette singulière tenue et reçut leurs compliments (2).

Après le départ du chancelier, le roi sembla observer encore moins de retenue que par le passé. Lui, le duc d'York et les principaux courtisans chassaient à Cranbourne chez lord Carteret. Ils burent si bien qu'ils s'enivrèrent. Alors Armorer, qui était ivre, s'approcha du roi et lui dit : « Par Dieu, monsieur, vous ne témoignez pas au duc d'York la même amitié qu'autrefois. — Cela est faux, dit le roi. — Eh bien, buvons à sa santé! — Buvons, buvons! repartit le roi. » Armorer se jeta à genoux et but. Le roi, à son tour, s'apprêta à boire. « Pas comme cela, dit Armorer, à genoux! » Le roi obéit. La compagnie suivit son exemple, puis tous ces ivrognes poussèrent des cris de joie et se jetèrent dans les bras les uns des autres. Le roi embrassa le duc d'York, le duc d'York embrassa le roi et toute la bande passa le jour en orgie (3). Le bruit se répandait que lady Castlemaine était fortement éprise de Jacob Hall, fameux danseur de corde. Elle le recevait en secret et le visitait de même. Elle le comblait de présents et Berk

(1) *Journal de Pepys*, 7 août 1667.
(2) *Journal de Pepys*, 27 août 1667.
(3) *Journal de Pepys*, 23 septembre 1667.

Marshall (1) servait d'entremetteuse à ses amours, en même temps qu'elle protégeait les amours du roi avec Mme Davis qui dansait la gigue ou chantait, en s'accompagnant sur la guitare, tout un répertoire de chansons graveleuses et obscènes (2). C'était le début du roi dans le monde des théâtres où il devait s'attarder plusieurs fois pendant les années qui suivirent. Moll Davis ne craignait point d'échanger des œillades avec Charles II jusque sous le nez de la comtesse de Castlemaine. Bientôt le roi songea à la retirer du théâtre du duc d'York. Elle avait aussi tenté de s'introduire à Whitehall. « A la représentation qui a eu lieu à la Cour l'autre soir, écrit Pepys le 31 mai 1688, lorsque Mme Davis arriva pour danser sa gigue, la reine se retira,

La comtesse d'Ossory, fille de lord Ormond.
Portrait par Wissing, gravé par E. Scriven.

(1) Il y avait deux Marshall au Théâtre du Roi. C'étaient les filles de Stephen Marshall, le grand Presbytérien.

(2) Mary Davis avait fait la conquête du roi en chantant la ballade : *Ma couche est la froide terre.* Downes dit : « Le roi releva la chanteuse de sa froide couche pour la mettre dans le lit royal. » Pepys la préférait comme danseuse de gigue dans les travestis à Nell Gwynn.

ne voulant pas, dit-on, supporter la vue de la maîtresse du roi. » Elle n'avait pas fait pire pour lady Castlemaine. C'était la constatation officielle que lady Castlemaine était délaissée. Celle-ci, pour s'assurer un peu de liberté, avait cru suffisant de passer au roi sa suivante Wilson, très belle fille, qui n'avait pas tardé à être enceinte (1).

Madame Middleton.
Portrait par Peter Lely, gravé par Thomas Wright.

Cependant, la duchesse de Richmond n'avait pas persisté dans son premier propos de vivre d'une façon constante à la campagne. Elle était venue s'installer à Sommerset House avec son mari. On allait la voir pour sa beauté, comme on allait le soir, aux réceptions de la reine (2). Puis, elle annonça son projet de reparaître à la Cour. Mme Hervey s'interposa pour un rapprochement et « le petit gentilhomme fantasque, qu'on appelle Cupidon », ramena le roi vers celle qui l'avait fui. Elle reçut, à plusieurs reprises, sa visite et acheta Barkeshire House et obtint, par un acte du sceau privé,

(1) *Journal de Pepys*, 5 mai 1668.
(2) *Journal de Pepys*, 27 décembre 1667.

5 000 livres pour payer son acquisition (1). Depuis son mariage, disait-on, Charles II n'avait plus à se plaindre de son défaut de complaisance. Malheureusement, deux ans après, elle avait eu la petite vérole et, bien qu'elle ne fût pas défigurée, sa figure en portait des traces qui avaient altéré sa merveilleuse beauté (2). « Elle n'est pas fort marquée de la petite vérole, écrivait Charles II à sa sœur et, je vous l'avouerai, cette dernière affliction a été cause que je lui ai pardonné tout ce qui s'est passé. Je ne puis m'empêcher de lui vouloir beaucoup de bien. J'espère qu'elle ne sera pas trop changée, dès que son œil sera en meilleur état, car il y a encore un fort écoulement avec quelque danger d'y conserver une tache, mais maintenant je crois que le pire est passé. » Son mari, au contraire, était complètement défiguré, ce que le roi constatait avec un certain plaisir. Bientôt la charge de dame de chambre de la reine étant une de celles qui étaient, par nature, destinées aux maîtresses du roi, la défaite de la duchesse de Richmond devint, en quelque sorte, officielle, quand elle fut admise à prêter serment en cette qualité (3). Un jour où Charles II était ivre chez lord Downsen, il se vanta tout crument devant le duc de Richmond des faveurs que lui avait accordées la duchesse. Ce fut un beau scandale (4).

La Cour était plus folle que jamais. En octobre 1668, ne vît-on pas sir Charles Sedley et Buckhurst courir toute la nuit à demi-nus dans la rue, se faire ramasser par le guet et fourrer en prison? Au grand scandale des Anglais, Charles II prit leur parti et le grand juge Keeling envoya en prison le constable, qui les avait arrêtés, pour être jugé aux prochaines assises. « C'est une infamie », écrivait Pepys qui avait au plus haut degré le respect de la loi (5). Sitôt que Charles II quittait Londres avec sa séquelle de

(1) *Journal de Pepys*, 7 mai 1668.
(2) *Journal de Pepys*, 30 août 1668. — Jesse. *Memoirs*, III, 228.
(3) *Journal de Pepys*, 6 juillet 1668.
(4) Jesse. *Memoirs*, III, 228.
(5) *Journal de Pepys*, 23 octobre 1668.

compagnons de débauche, on pouvait être sûr qu'il s'enivrait. Alors, il se permettait toutes les extravagances possibles. Un jour, il se plaît à faire chanter aux musiciens de Thetford toutes les chansons obscènes qu'ils savaient. Une autre fois à Saxam, il est ivre au point qu'il ne peut accorder à lord Arlington (1) une audience qu'il sollicite. On le remonte dans sa chambre et le duc d'York tance vertement Bob May (2) pour pousser le roi à de pareils divertissements (3). Ils sont, d'ailleurs, à la mode, depuis que la bourgeoisie puritaine a été mise à l'écart et que presbytériens et catholiques sont persécutés. Depuis la Restauration, il y a une sorte de réaction contre les mœurs du Protectorat et de la République. Les grandes perruques à la Louis XIV ont remplacé les cheveux courts. Les Puritains avaient interdit le jeu, on joue et on triche. Ils avaient banni le vin, on boit et on se grise. Les jurons étaient proscrits, c'est à qui jurera par Dieu et par le diable. Partout, il se crée des sociétés de plaisir. On cite alors la bande des *ballers* qui se réunissaient pour danser *in naturalibus*. Après les orgies de la soirée, on court les rues, rossant le guet, menaçant de mort les passants, arrêtant les femmes et parfois les pendant la tête en bas. « Quand la nuit obscurcit les rues, écrit Milton, alors s'élancent au dehors les fils de Bélial, gonflés d'insolence et de vin. » Le comte de Rochester, le duc de Buckingham sont aussi célèbres à la Cour comme gentilshommes spirituels que comme ivrognes incorrigibles. Charles II, qui les a mis en disgrâce pour une intrigue de cour, les voit dans une auberge, sur la route de Newmarkett versant à boire aux rouliers et débauchant leurs femmes et leurs filles. Il trouve l'invention si bonne qu'il leur rend sa faveur. Sedley et Buckhurst dînent un soir dans une taverne avec Thomas

(1) Le comte d'Arlington, premier secrétaire d'État et grand chambellan de Charles II, avait une très grande influence à la Cour.

(2) Bob May (Baptiste May) était trésorier de la bourse privée du roi et le confident de toutes ses débauches.

(3) *Journal de Pepys*, 23 octobre 1668.

Ogle. Après boire, ils s'installent au balcon, injurient les passants et leur exhibent leurs fesses. Sedley fait mieux, il se met nu et, comme dirait Rabelais, c.... et p.... sur le nez des passants. La foule ameutée lui jette des pierres et veut prendre la maison d'assaut. Sedley est condamné par sir Robert Hyde, premier juge des plaids communs, à une grosse amende. « Je crois, s'écrie-t-il tout joyeux, que je suis le premier homme qui a payé pour avoir fait ses besoins. » Il ne paie même pas, d'ailleurs, son ami Killegrewe obtenant du roi que l'amende soit réglée par sa cassette (1).

L'entourage royal est, d'autre part, dépourvu de scrupules. Le comte d'Oxford, épris d'une actrice qui ne veut point lui céder, Mme Marshall, célèbre sous le surnom de Roxane, fait célébrer son mariage par un soldat déguisé en prêtre. Le lendemain, il l'abandonne. Alors, elle invoque ses droits. Oxford lui rit au nez et le roi, aux pieds duquel elle se jette, lui accorde seulement une rente en réparation (2). Buckingham, amoureux de la comtesse de Shrewsbury, la prend par la main et la conduit dans sa superbe maison, met en voiture sa femme Mary Fairfax et l'invite à se retirer chez son père, le célèbre général de la Révolution. Quant à Shrewsbury, qui a trouvé mauvais l'enlèvement de sa femme, il le tue en duel sans autre forme de son procès. C'est la comtesse de Shrewsbury déguisée en page, qui tient la bride de son cheval pendant qu'ils se battent, et il se vante d'avoir obtenu les caresses de sa maîtresse avant même d'avoir enlevé ses vêtements ensanglantés (3). Le prince Rupert, brave et vaillant jusqu'à la témérité, fier et brutal, se sentant désœuvré et détestant la vie de la Cour, s'adonne aux mathématiques et à la chimie. C'est un artiste. C'est lui qui invente le mezzo-tinto. Il n'a qu'un plaisir : c'est le théâtre. Un jour, il y aperçoit Margarett

(1) Beljame. *Le Public et les Hommes de Lettres en Angleterre*, p. 3.
(2) Hamilton. *Mémoires de Grammont*, ch. XI.
(3) Hamilton. *Mémoires de Grammont*, ch. XII. — Beljame. *Le Public et les Hommes de Lettres en Angleterre*.

Hughes, petite comédienne attachée à la troupe du roi et qui a été plus ou moins la maîtresse éphémère de Charles II. Dès lors, le voilà fou de l'actrice qui résiste à l'argent et, dit la chronique, réussit à se faire épouser (1). Il en a plusieurs enfants et vit heureux avec elle au grand scandale de toute la Cour.

Plus que jamais Charles II est l'homme le plus insaisissable, la volonté la plus hésitante, le caractère le plus changeant qu'il y ait en Europe. Dans sa jeunesse, il a rêvé tout comme un autre, il a adressé à ses maîtresses des vers pleins de sentiment et de mélancolie. « Je passe toutes mes heures dans un vieux bosquet ombreux, dit-il à l'une d'elles, mais je ne vis pas quand le jour s'écoule sans que j'aie vu celle que j'aime. J'explore du regard tous les chemins, à présent que ma Philis est partie et je soupire en songeant aux instants où nous étions ici seuls.

Mary Davis.
Portrait par Peter Lely, gravé par R. Tompson.

(1) Jesse. *Memoirs*, II. — Hamilton. *Mémoires de Grammont*, ch. XII. De notre temps, on conteste le mariage, en invoquant le testament du prince qui pourvoit au sort de ses bâtards.

Oh! je trouve qu'il n'est point d'enfer comparable au tourment de trop aimer.

« Mais quand je revois tous les ombrages, toutes les voûtes de verdure qui nous abritent, où je fus parfois heureux, où elle se montra bonne, quand je vois l'empreinte que laissa son corps sur l'herbe verte et que je me figure que le plaisir peut revenir encore, oh! alors, je crois qu'il n'est point de joies au-dessus des plaisirs de l'amour.

« Pendant que seul, je rappelle à mon esprit tous ses charmes, celle que j'aimais est peut-être pressée par le bras d'un autre; peut-être se rit-elle de mes tourments; peut-être est-elle assez perfide pour redire les toutes douces choses qu'elle me redit autrefois. Oh! alors, je trouve qu'il n'est point d'enfer comparable au tourment de trop aimer.

« Mais quand je me souviens combien elle avait le cœur fidèle, combien était innocente et pure sa passion, combien sa bonté était dépourvue d'artifices, je crains de l'avoir offensée et j'espère que peut-être elle ressent un amour si vrai qu'elle est jalouse de moi. Oh! alors, je crois qu'il n'est point de joies au-dessus des plaisirs de l'amour. »

Mais bientôt, il s'est blasé, il s'est habitué à ne s'attacher à rien. Il a été l'homme le plus trahi du monde, trahi par ses gentilshommes qui ont déjà vendu son père, trahi par les maîtresses qu'il payait et par celles en qui il croyait. Il n'a trouvé de fidélité, à de rares exceptions près, que chez les pauvres diables qui lui donnaient asile, lors de sa fuite après Worcester. Encore, en y réfléchissant bien, n'est-il pas assuré que leurs sentiments fussent désintéressés. Quand il est rentré en Angleterre, il a connu, mieux que jamais, le tarif des consciences. Pour lui, tout homme, toute femme sont à acheter. L'unique différence, c'est que les uns savent se coter un beau prix, et que les autres livrent à bon marché la marchandise. Dès lors, il méprise la flatterie parce que les mots sont vides et il méprise l'humanité parce qu'elle ne vaut que quand on a besoin d'elle. Tous ces grands mots dont les autres sont dupes, il ne les a jamais dans la bouche, il a perdu toute foi en eux. Il n'a qu'un culte, c'est l'amour de soi-même. Mais son égoïsme est humain. C'est pour lui une gêne de voir les souffrances, d'entendre les plaintes, de penser même que d'autres souffrent. Ces gens qu'il méprise, s'ils l'entourent, il faut qu'ils puissent apporter autour de lui des visages joyeux et contents. De là, l'entretien de parasites nombreux qui vivront aux dépens de la masse lointaine. A ceux-ci, tout est permis s'ils ne dépassent pas des mesures très larges. Charles II sait très bien qu'il est la dupe de ses courtisans, la dupe de ses favorites et même la dupe des filles d'honneur qui raillent entre elles le vieux Rowley (1). L'instant d'agrément qu'ils lui peuvent donner, le quart d'heure de volupté qu'il cueille passé, il n'ignore pas qu'il n'a rien à attendre ni d'eux ni d'elles. Il simule donc la dignité par une élégance souriante, la sensibilité par une prodigalité qui ne compte pas. Titres, places, domaines, secrets d'État, grâces et pardons, tout est à la merci de qui sait le demander à l'heure propice. Il a des goûts dispendieux, parce qu'il méprise l'argent aussi bien que les hommes, parce qu'il aime l'art et le beau par éducation et le bien-être par nature. Si les circonstances l'avaient mis aux prises avec les difficultés, il était capable, pour l'amour de soi, des plus grands et des plus nobles efforts. N'ayant qu'à se laisser vivre, il a mis l'Angleterre en coupe réglée, comme Louis XV, qui lui ressemble par plus d'un point, y mettra plus tard la France (2).

Mme Castlemaine a mis plusieurs années, — car elle est une tête folle — à déchiffrer l'âme de son amant et quand elle l'a compris, elle s'est rendu compte qu'elle ne le tenait plus

(1) On appelait ainsi un vieux bouc élevé dans les jardins de Whitehall. C'était le surnom qu'on avait donné à Charles II. Le roi savait qu'on l'avait nommé ainsi et ne s'en fâchait point. Un soir qu'il passait près de l'appartement des filles d'honneur, il entendit chanter un couplet où le vieux Rowley n'était certes pas ménagé. Il frappe à la porte. « Qui est là ? » demande une des chanteuses. « Ce n'est que le vieux Rowley, » répond le monarque en riant.

(2) Macaulay. *Histoire d'Angleterre après l'avènement de Jacques II*, t. I, 187-189. — Forneron. *Louise de Keroualle*, p. 7.

que par les habitudes et par la chaine de ses bâtards. Tout d'abord, les rivales lui ont porté ombrage. A la fin de 1668 encore, elle ne pouvait voir Moll Davis *allumer* Charles II sans en devenir cramoisie (1), beaucoup plus peut-être de l'affront public que par jalousie réelle. Mais on l'a mise à une rude école. La duchesse de Richmond, jadis son amie, sa complice, son *allumeuse*, l'a supplantée, et elle sent que d'autres femmes, aussi instruites qu'elle dans les manèges de la volupté, peuvent demain faire leur apparition dans la vie du roi et devenir à leur tour des habitudes. Pendant dix ans, elle se cramponne. Pendant dix ans, comme la Pompadour vieillissante, elle renonce au rôle effectif de maîtresse pour se faire le ministre des plaisirs licencieux du roi. Jadis, elle faisait et défaisait les ministres dans son lit. C'est au lit des autres qu'au déclin de sa puissance elle doit le titre de duchesse de Cleveland et obtient pour ses deux fils les titres de marquis de Sou-

Madame Hughes.
Portrait par Peter Lely (1677).

(1) *Journal de Pepys*, 21 décembre 1668.

thampton et de comte de Northumberland (1). C'est au lit des autres qu'elle doit des pensions, des droits sur les fermes, des droits sur le Post Office, la réversion de tous les baux du roi, la réversion de tous les emplois à la douane et à la chancellerie (2). Et les poètes l'enivrent de leurs flatteries et Dryden la compare à Caton : « Jadis les vertus de Caton luttèrent contre les Dieux, ils accordèrent leurs préférences aux vainqueurs, lui s'attacha aux vaincus, mais vous, vous avez fait ce que ne put faire Caton. » N'a-t-elle pas fait jouer et réussir une pièce de Dryden ? Mais toute l'Angleterre la maudit, si bien qu'il n'y aura qu'une femme plus maudite qu'elle, c'est la maîtresse qui va partager et ruiner son empire.

(1) 3 août 1670. — Forneron. *Louise de Keroualle*, 44.
(2) Jesse. *Memoirs*, III d'après Marvell.

V

La Guerre des Maîtresses.

VANT le règne de Charles II, les femmes ne paraissaient pas sur le théâtre en Angleterre. Les roles féminins des drames et des comédies de Shakespeare étaient tenus par des hommes et l'on sait que c'est à l'un de ses acteurs que furent adressés les fameux sonnets amoureux (1).

Sous Charles II, par réaction contre le puritanisme, les femmes parurent sur la scène, et non contentes d'y remplir les rôles féminins, inaugurèrent le règne du travesti. Pepys, grand amateur de théâtre, signale cette innovation. Il admire une actrice qui paraît en scène en costume d'homme. Elle a les plus belles jambes qu'il ait jamais vues et il en a été charmé. Tout cet auditoire de beaux et de galants, que nous peint la littérature du temps, était, comme lui, à pareille fête. Dès cette époque, le théâtre est un des lieux de rendez-vous de la galanterie. Les poètes nous peignent les gens à la mode, un Sidney ou un Killigreve arrivant à la Comédie : « Il s'avance au milieu du parterre, se pavane un instant pour faire admirer son mérite, tire son peigne, ajuste sa perruque, appelle la marchande d'oranges pour lui donner le prix qu'elle demande de ses fruits et sacrifie le plus beau à l'autel du masque le plus voisin. Alors, il s'asseoit gravement et s'endort à moitié, à moins que quelque fille pétulante ne le tienne éveillé en lui marchant sur le pied ou en lui tenant quelque propos licencieux. Puis, tout d'un coup, pour montrer qu'il est à la fois bel esprit et critique, il se dresse, et avec

(1) Au sujet des sonnets de Shakespeare, voir notre traduction d'Oscar Wilde : *Le Portrait de Monsieur W. H.*

une figure tragique condamne la pièce, bien qu'il n'en ait pas entendu ou au moins compris deux lignes. Cependant la chose faite, il avise une fille et lui pinçant les doigts avec un air abominablement langoureux, il lui dit à voix basse : « Dieu me damne! Madame, si vous saviez seulement, etc..., la passion que j'ai pour vous et les flammes que vos charmes irrésistibles, etc..., ont allumées dans mon cœur, vous me seriez compatissante et vous m'honoreriez de votre angélique compagnie, pour prendre avec moi de la boisson d'amour à la taverne voisine. » Mais s'il s'aperçoit qu'elle est honnête et qu'il ne peut la persuader, il s'écrie alors à pleine voix : « Que Dieu vous damne, prostituée puritaine! Que faites-vous au parterre? La galerie à douze pences avec les manteaux de camelot et les laquais est assez bonne pour vous! (1) ».

A ce public de désœuvrés, il fallait les voluptés de la vision et c'est pour lui qu'on multipliait les occasions de travesti. Quelquefois même les femmes accaparèrent tout le théâtre et jouèrent sans le secours d'aucun acteur. En ce cas, on choisissait les pièces les plus libres, celles dans lesquelles foisonnaient les équivoques et où, passant dans leur bouche, elles prenaient une saveur plus piquante (2). C'est parmi ces chanteuses, ces actrices, ces danseuses que Charles II trouva de nombreuses maîtresses. « L'on peut croire, dit Cibber, parlant des actrices du temps, qu'elles ne furent pas mal choisies, car tout le monde sait que plusieurs eurent assez de charmes, dans leurs heures de loisir, pour calmer et adoucir les soucis d'un gouvernement. »

Éléonore Gwynn est une des plus célèbres de celles-là. Elle avait un charme, un *chien*, auquel le public du Théâtre du Roi ne savait résister et, si elle était détestable dans les rôles tragiques, elle se relevait et triomphait, se

(1) *The Character of a town Gallant*, cité par Beljame. *Le Public et les Hommes de Lettres en Angleterre*, p. 61.

(2) Beljame. *Le Public et les Hommes de Lettres en Angleterre*, p. 35.

révélant grande actrice, dans les scènes de genre (1). Dryden le savait bien, et après avoir écrit l'*Amour tyran*, et sacrifié le nombre de personnages nécessaires au goût du temps pour le meurtre et le carnage, il avait écrit pour Nell Gwynn un épilogue fantaisiste, que les circonstances dans lesquelles il était débité rendaient encore plus piquant. On venait de tuer Gwynn (2), et on allait emporter son corps. Tout d'un coup, elle se relevait brusquement. « Halte, criait-elle aux porteurs, êtes-vous fous, maudits chiens du diable? C'est à moi de me lever et de débiter l'épilogue. » Et s'avançant sur l'avant de la scène : « Bons gentlemen, disait-elle à l'auditoire, je viens vous apporter d'étranges nouvelles. Je suis le fantôme de la pauvre Nelly. Charmantes dames, ne vous effrayez pas. Je serai convenable. Je suis ce que je fus. Un charmant diablotin inoffensif, car après la mort, nous autres esprits, nous conservons entièrement les caractères que nous avions comme êtres humains. Ainsi, moi qui fus ici, actrice, je joue mes tours en Enfer où je suis un lutin. Galants, songez-y. Vous dites que les esprits n'existent pas, mais c'est moi qui, la nuit, viens danser sur vos lits, et, sur ma foi, vous êtes bien attrapés quand je vous surprends entre le sommeil et la veille. A vous dire la vérité, j'erre parce que je suis morte dans une tragédie, en dehors de ma vocation. O poète, poète d'une infernale sottise, as-tu pu te montrer assez dépourvu de sens pour faire mourir d'amour Nelly? Non, il a fait pis encore. Ce fut de me tuer dans les premiers jours du terme de Pâques, au temps des tartes et des gâteaux au fromage. Je vais l'arranger, ce sot faquin, car je ne dirai pas un mot pour lui faire pardonner sa naïve pièce si peu à la mode, une pièce, qui pour peu que vous y assistiez deux fois, vous attirera de mauvais propos, vous fera passer pour dévôts. Mais, adieu, gentlemen! Hâtez-vous de venir me trouver, je suis sûre de me

(1) *Journal de Pepys*, 27 et 28 décembre 1667.
(2) Elle jouait le rôle de Valeria.

Nell Gwynn.
Portrait par Peter Lely, gravé par Thomas Wright.

trouver avant peu dans votre compagnie. Quant à mon épitaphe, quand je ne serai plus là, je ne m'en rapporte à aucun poète ; je vais la faire moi-même : « Ci-git Nelly qui, bien qu'ayant vécu en souillon, n'en mourut pas moins princesse, en jouant à Sainte-Catherine (1). » Et l'on

(1) Jesse. *Memoirs*, III, 375.

applaudissait tempêtueusement. Pouvait-on refuser des applaudissements à Nelly?

Éléonore Gwynn était née le 2 février 1650. On l'avait connue, tour à tour, vendeuse de harengs et d'oranges au Théâtre royal. « Quiconque l'eût vue, pataugeant dans la boue de la rue, la figure noire comme un couvercle de pot, les pieds nus et secouant ses cendres dans un nuage de poussière, l'eût-il cru destinée à être choisie par un monarque, disait plus tard Etheredge, mais, même alors, elle avait le charme de son entrain et de son esprit, qui lui donna pour esclave un nigaud de la ville (1) ». Le règne de cet entreteneur fut vite fini. Charles Hart, un petit-neveu de Shakespeare (2), John Lacy, acteurs alors célèbres, s'étaient mis en tête d'éduquer la jolie fille et de lui apprendre le métier théâtral. Leçons qui n'étaient point désintéressées, bien entendu. Dungan, acteur et impresario, la fit débuter un peu avant 1665. Pepys, qui était un de ses admirateurs, parle souvent d'elle dans son *Journal*. Elle créa de nombreux rôles dans les pièces de Dryden qui tirait bon parti de ses drôleries. Un jour, il fit faire un chapeau de la grandeur d'une roue de carrosse et le campa sur la tête de Nelly Gwynn pour réciter le prologue de la *Conquête de Grenade*. Le chapeau de Nell fit le succès de la pièce. La salle entière fut prise de véritables convulsions de rire, et le roi à demi étouffé, transporté d'admiration de tant de cocasserie, alla trouver la comédienne dans la coulisse et l'emmena souper (3). Pendant le mois de janvier 1668, Pepys note que le roi l'a envoyé chercher plusieurs fois. Il n'y a pas à douter que ce n'est plus une simple passade et Mme Castlemaine, qui l'a protégée et applaudie à ses débuts, la prend en grippe.

Ce lutin de Nelly est pour Charles II, qui commence à

(1) Jesse. *Memoirs*, III, 372.

(2) Il était fils de William Hart, fils de Jane, sœur du poète.

(3) Beljame. *Le Public et les Hommes de Lettres en Angleterre*, p. 66.

vieillir, un véritable ragoût de l'amour. Elle affecte avec lui le ton que prendra plus tard la Dubarry avec Louis XV. Un jour, à un concert chez elle, Charles II, le duc d'York et quelques intimes ont applaudi le chanteur Boman, tout jeune et alors débutant. Aux applaudissements, le roi ajoute des éloges. « Eh bien, sire, dit Gwynn, qui veut obliger un camarade, pour prouver que vous ne parlez pas en courtisan, j'espère que vous ferez un beau présent aux artistes. » Mais le roi n'a pas d'argent sur lui. Le duc d'York n'a qu'une guinée ou deux. Alors, Nelly éclatant de rire, se retourne vers le reste de la société. « Poisson de Dieu! s'écrie-t-elle, en employant le juron favori du roi, dans quelle société suis-je tombée (1) ». De telles espiègleries ravissent Charles II. « Avant que le grand Charles eut permis aux charlatans et aux marins de mentir, fait dire à Nelly dans sa complainte le poète Etheredge, il n'avait jamais entendu quelqu'un jurer comme Moll Knight (2) et moi, jamais serments ne furent moins estimés, ni moins vrais, et pourtant l'on dit qu'il payait des gens pour jurer. Nous jurions plus fort que des dragons en train de piller. Les par le sang! par le sang! se suivaient, les par Dieu succédaient aux par Dieu! (3) »

Le malheur, c'est que Nelly n'était point libre quand le roi l'avait connue. Elle était en pouvoir d'amant et d'un amant qui n'était point disposé à se laisser congédier. Lord Buckhurst avait dépensé pas mal d'argent pour elle, l'avait une fois retirée du théâtre, lui assurant une pension de cent livres par an. Mais instruite des mauvais propos que tenait contre elle Moll Davis, elle était presque aussitôt rentrée au théâtre et c'était alors que le roi l'avait connue (4). Nell tenait à honneur de n'être pas la maîtresse

(1) Jesse. *Memoirs*, III, 378.

(2) Moll ou Mary Knight, chanteuse célèbre, fut, dit-on, chargée par Charles II, dont elle avait été la maîtresse, de négocier la liberté de Nell Gwynn avec Lord Buckhurst.

(3) Jesse. *Memoirs*, III, 381.

(4) *Journal de Pepys*, 13 juillet et 26 août 1667.

de plusieurs à la fois. N'avait-elle pas dit à Beck Marshall, dans une querelle avec sa camarade de théâtre : « Vous qui êtes la fille d'un ministre protestant, vous êtes la maîtresse de trois ou quatre hommes. Moi, je n'ai qu'un amant, bien que j'aie été élevée dans un b..... où je versais les liqueurs aux habitués (1) »! Or, elle avait en ce moment, à la fois, Buckhurst son Charles Ier, Hart son maître qui ne se laissait point déraciner et était son Charles II et le roi qui n'était que son Charles III (2). Le roi ne pouvait décemment accepter cette situation de troisième larron et voici qu'un incident fit déborder la coupe. Charles II avait demandé à Rochester de lui apporter des vers qu'il avait lancés contre diverses personnes de sa cour. Dans un moment d'étourderie et de vapeurs bachiques, Rochester prit un papier pour l'autre et remit à Charles II une satire qu'il avait faite contre lui. Le roi fut justement blessé de se voir dépeint comme un satyre. Il fut plus irrité encore de lire des railleries sur son manque de vigueur physique. Les vers cyniques de Rochester ne représentaient-ils pas Nell Gwynn se dépensant en efforts superflus pour rendre au monarque une éloquence depuis longtemps perdue? Il fallait débarquer Hart d'une part et l'amant qui payait de l'autre. On fait ce qu'on veut des cabotins, fussent-ils petits-neveux de poètes. Mais Charles Sackville, lord Buckhurst, l'entreteneur riche, était le plus bel homme de son temps. C'était un brave qui s'était signalé par ses services et c'était un poète qui, la veille du combat naval du 3 juin 1665, embarqué à bord de la flotte anglaise, envoyait « au nom des hommes qui sont ici », ces vers aux « dames qui sont là-bas » : « Afin de tromper l'ennui des heures, nous nous divertissons à jeter les dés; ou bien nous jouons le jeu sérieux de l'hombre, mais à quoi bon poursuivrions-nous vainement notre ruine mutuelle? Nous avons été battus quand nous vous avons quittées avec un fa! la! la!

(1) *Journal de Pepys*, 26 octobre 1667.
(2) Forneron. *Louise de Keroualle*, p. 20.

la! la! Mais voici que nos craintes deviennent orageuses et qu'elles chassent au loin nos espérances pendant que vous, indifférentes à notre douleur, vous assistiez insoucieuses à une pièce, que peut-être vous permettiez à un homme plus fortuné de vous baiser la main, de jouer avec votre éventail en chantant fa! la! la! la! la! » Sackville était poète, mais s'il consentait à s'effacer devant le roi, il n'était point d'humeur à le faire sans compensations. Il déclara tout net, en homme pratique, qu'il ne quitterait Nell que quand on lui paierait les dépenses qu'il avait faites pour elle. Charles II ne se débarrassa de Buckhurst qu'en en faisant un ambassadeur. Et voilà comment Nelly eut une action sur la politique européenne. Elle voulut aussi, certain jour, intervenir dans la politique intérieure. Ne copia-t-elle pas les propos de Kiligrew? « Dis-moi, Nelly, lui demanda par plaisanterie Charles II, que faut-il que je fasse pour apaiser mes sujets? Ils crient contre moi comme des enragés. — Votre Majesté, répliqua-t-elle, n'a qu'un seul parti à prendre et il est bon. Qu'elle renvoie toutes les dames dont elle est entourée et qu'elle ne s'occupe plus que de ses affaires! »

Wycherley.
Portrait de Peter Lely (1668), gravé par F. Smith en 1703.
(Bibliothèque Nationale. Estampes.)

Ce n'était pas là le moyen d'apaiser Mme Castlemaine. Mais ces propos plaisaient au peuple anglais et, répétés, ils tendaient autant que sa bonne humeur et sa jolie mine à concilier les esprits à Nell. Eût-on pu garder quelque rancune à cette blonde et potelée figure d'enfant d'être une des maîtresses du roi, alors qu'elle était la plus inoffensive? Si on l'insultait, son sang-froid bon enfant désarmait l'outrage. Un passant brutal l'avait qualifiée de catin. Un de ses laquais, qui l'adorait, se colletait avec l'homme. Elle pencha à la portière son minois au regard candide, encadré de parures désordonnées. « Laissez-le donc, Tom; le pauvre diable ne dit que la vérité (1). »

Parmi les poètes, elle était aussi populaire que l'avait été Mme Castlemaine au temps de sa plus grande faveur. N'était-elle pas la bienfaitrice du talent dans la détresse? Elle témoigna par sa générosité envers les écrivains qu'elle se souvenait des bontés qu'avait eues pour elle Dryden. Ottway, l'auteur de la *Venise sauvée*; Butter, le chantre d'*Hudibras*; Lee, bien d'autres, eurent leur part du contenu de sa bourse. Duffet lui dédia son *Bandit espagnol.* Il écrivait bravement qu'il était le premier qui ait eu la hardiesse de lui dire publiquement qu'elle avait des vertus qui, après sa beauté, étaient le plus grand miracle du siècle. Une femme-auteur écrivit, entre autres compliments, dans une dédicace : « Une créature aussi excellente, aussi parfaite que vous, ne diffère des puissances divines qu'en ceci... » Et ailleurs : « Quand vous parlez, les hommes se serrent pour mieux entendre, avec un respect religieux, comme pour les saints oracles ou les divines prophéties. » Nell n'était guère qu'une prêtresse de Cythère, mais, comme le lui disait la même authoress, « elle ne se montrait jamais que pour faire naître la joie aux yeux de tous ceux qui avaient la bonne fortune de la voir (2). » Elle réjouissait tout l'univers,

(1) Beljame. *Le Public et les Hommes de Lettres en Angleterre*, p. 35.

(2) Jameson. *Memoirs*, 153.

hormis Mme Castlemaine et, plus tard, la duchesse de Portsmouth. Il n'y avait pas jusqu'à Patrice O'Bryan, le Cartouche de l'époque, qui ne lui sourît volontiers quand il arrêtait sa voiture sur la route de Winchester. « Madame, lui disait ce chevalier du brouillard, en se découvrant galamment, je suis, je vous l'assure sur mon salut, un très brave gentilhomme et proche parent du duc d'Ormond. Mais, ayant besoin de quelque argent en ce moment et sachant que vous êtes une femme charitable, j'espère que vous voudrez bien me donner quelque chose sans que je prenne ce que vous avez sur vous. » Nell, riant aux éclats, lui tendit dix guinées et O'Bryan s'éloigna au galop sans réclamer rien de plus.

Elle était charitable aux pauvres, se souvenant qu'elle avait été pauvre elle-même, et ce fut à son instigation que Charles II construisit l'hôpital de Chelsea pour servir d'asile aux soldats invalides. Elle tint à prélever, sur les bontés que Charles II avait eues pour elle, le prix du terrain sur lequel devait s'élever l'édifice (1). Charles II avait fini, en effet, par l'entretenir sur un grand pied. Au début de leur liaison, elle lui avait demandé 500 livres par an, ce qui lui paraissait une magnifique fortune. Le roi avait refusé mais, quatre ans plus tard, elle avait reçu plus de 60 000 livres. En mai 1670, elle accouchait d'un premier enfant, Clément Beauclerk. Le roi, qui avait reconnu et titré les autres enfants de ses maîtresses, ne songeait point à celui-là. Elle l'amena fort habilement à s'occuper de lui. Un jour que le roi était chez elle, l'enfant qui avait environ six ans s'amusait et faisait du bruit. « Restez donc tranquille, petit bâtard, s'écria-t-elle d'un ton de gronderie. » L'enfant, penaud, alla bouder dans un coin. « Pourquoi maltraiter ainsi cet enfant? — J'en suis bien fâchée, répliqua Nell, mais je n'ai pas d'autre nom à lui donner. » Peu de jours

(1) Il y a deux siècles, l'un des premiers toasts portés à l'anniversaire de la naissance de Charles II par les vétérans qui habitaient Chelsea, était la santé de leur bienfaitrice Nell Gwynn (Jesse, *Memoirs*, III, 365).

après, des lettres patentes accordèrent à l'enfant qui n'avait pas de nom les titres de baron Heddington et comte de Burford.

Délaissée en faveur de Nell Gwynn et de bien d'autres, Mme Castlemaine ne dissimula plus son dévergondage et mérita vraiment les apostrophes de Rochester : « Celle dont la luxure monstrueuse dépasse tout ce qu'on trouve dans la renommée, l'impératrice Messaline fut du moins rassasiée de volupté, mais vous, vous n'arrivâtes jamais à contenter cette bête-là. Quarante hommes par jour pourvoyaient amplement cette catin. Elle, telle qu'une chienne en rut agite sa queue pour en avoir davantage. » Ne se faisant nul scrupule d'avouer ses amants, elle avait enrégimenté parmi eux Goodman, l'acteur qui devait, quelques années plus tard, manquer de fort peu la potence. Goodman était si insolemment fier de sa conquête. qu'un soir, la reine étant au théâtre et l'ordre étant donné, comme d'habitude, de lever immédiatement le rideau, il s'écria : « Ma duchesse est-elle venue ? » Et, comme on lui répondait qu'elle n'était point encore là, il défendit, avec de terribles jurons, qu'on levât le rideau avant son arrivée (1). Le règne de Goodman fut court. Wycherley, simple étudiant en droit, lui succéda. Garçon de noble mine, la duchesse de Cleveland l'aperçut un jour dans le Ring. Elle était en carrosse. Passant la tête à la portière, elle lui cria à haute et intelligible voix : « Monsieur, vous êtes un maraud... Monsieur, vous êtes un drôle... Monsieur, vous êtes un fils de p..... » Ces propos appelaient une vengeance. Wycherley devint son amant et lui dédia sa première pièce, l'*Amour au Bois*, dans laquelle il introduisit une allusion à la manière galante dont ils avaient fait connaissance. Charles II se fit présenter le poète et lui confia l'éducation du duc de Richmond. Buckingham, un autre des amants de la duchesse de Cleveland, lui donna une commission dans son régiment (2).

(1) Jesse. *Memoirs*, III, 193.
(2) Beljame. *Le Public et les Hommes de Lettres en Angleterre*, p. 75.

Wycherley fut un des amis qui fréquentaient le plus, en Angleterre, Saint-Évremond. Tombé en défaveur à la suite de la chute de Fouquet (1), Saint-Evremond était passé en Hollande et, de là, en Angleterre où Charles II l'avait attaché à sa cour avec une pension. Dès lors, il ne quitta plus Londres. C'était un milieu qu'il jugeait à placer entre le courtisan français et le bourgmestre d'Amsterdam. Il fut un de ceux qui s'entremirent avec le plus d'activité pour la défaite de Louise de Kéroualle.

Fille d'un gentilhomme breton, Mlle de Penencoët de Kéroualle était attachée, depuis la fin de 1668, à Henriette-Anne d'Angleterre, duchesse d'Orléans. En janvier 1669, dans un ballet offert par le duc et la duchesse d'Orléans à Morosini, ambassadeur de Venise, elle dansa d'une façon qui excita l'admiration de Robinet, le chroniqueur qui avait hérité des fonctions et du style poétique de Loret :

...A ce cercle je vis,
Et mes yeux en furent ravis,
Votre fille d'honneur nouvelle,
Également mignonne et belle,
Et qui, par-dessus ses appas,
Sait figurer de galants pas,
Ce qui veut dire qu'elle danse
Et sait à ravir la cadence.
A quoi j'ajoute que vraiment,
Elle est fille d'entendement
D'avoir su si beau poste prendre,
Et c'est ma foi des mieux entendre (2).

L'année suivante, la duchesse d'Orléans, qui allait négocier avec Charles II le traité secret de Douvres contre les Provinces-Unies, l'emmena avec elle en Angleterre. Au moment où la duchesse d'Orléans allait s'embarquer, Charles II

(1) Saint-Evremond avait persiflé le roi au sujet du traité des Pyrénées dans une lettre adressée au marquis de Créquy. On trouva cette lettre dans les papiers de Fouquet et le roi ne la pardonna jamais à l'écrivain.

(2) Sur Louise de Kerouaille, duchesse de Portsmouth, avec le livre de Forneron, lire dans la *Revue des Deux-Mondes* les articles publiés par Jean Lemoine et André Lichtenberger.

la força d'accepter un cadeau, outre le présent de 6000 pistoles qu'il lui avait déjà fait pour l'aider à payer les frais du voyage, mais il lui demanda en échange, comme souvenir d'affection, un de ses bijoux. Madame ordonna alors à Mlle de Kéroualle de lui apporter sa cassette. Mais, prenant par la main la fille d'honneur, Charles II déclara à sa sœur que le bijou qu'il ambitionnait, c'était la charmante Louise. Madame refusa nettement. Elle se considérait comme engagée d'honneur à ramener en France une fille qui lui avait été confiée par ses parents. Sur les instances de Charles II, elle s'engagea seulement à ne pas s'opposer au retour en Angleterre de sa fille d'honneur, si son frère lui assurait un poste équivalent auprès de la reine Catherine (1).

Louise était partie hésitante. Ce fut Saint-Évremond qui fut chargé de lui distribuer des conseils épicuriens et de lui prêcher l'art d'accommoder l'amour avec la retenue. « La retenue, disait-il, dans le *Problème à l'imitation des Espagnols*, consiste à n'aimer qu'une personne à la fois; cela est se donner; on s'abandonne en ayant plusieurs amants. De cette sorte de bien comme des autres, l'usage est honnête, la dissipation est honteuse... Il y a bien de la peine à passer sa vie sans amour... Laissez-vous aller à la douceur de la tentation au lieu d'écouter votre fierté. Quelle figure ferez-vous dans un couvent, si vous n'avez pas le caractère d'une pénitente?... Triste vie, ma sœur, que d'être obligé de pleurer, par coutume, le péché que l'on n'a point fait dans le temps que vient l'envie de le faire. Voilà le misérable état des bonnes filles qui portent au couvent leur innocence. Elles y sont malheureuses pour n'avoir point un bon fonds de repentir (2). »

La leçon porta ses fruits. A peine débarquée en France, Madame fut enlevée par une maladie subite, sur la nature de laquelle l'Histoire discute encore. Quelques mois après,

(1) Comte de Baillon. *Henriette-Anne d'Angleterre, duchesse d'Orléans*, p. 403.

(2) Du Bled. *Les Libertins et Saint-Évremond*, 192.

sa fille d'honneur attendait à Dieppe qu'on voulût bien l'embarquer pour l'Angleterre où elle désirait aller acquérir « un bon fonds de repentir ». Buckingham, qui s'était offert à la conduire à Whitehall, ne songeait plus à elle et s'était embarqué par Calais. Ce fut Montague, ambassadeur de Charles II à Paris qui, raconte Burnet, « ayant ouï dire à quoi cette fille était destinée et qu'elle se morfondait sur les côtes, fit venir un yacht tout exprès pour elle, lui envoya des domestiques, lui fournit de l'argent, et la fit conduire à Londres où Milord Arlington la reçut (1) ». En décembre 1670, elle assistait, en masque, à la fête donnée au roi par les Gens de loi et y fut menée par le prince d'Orange. « Le roi d'Angleterre, écrivait Colbert de Croissy à M. de Lionne, prend soin d'entretenir cette beauté dans la chambre de la reine plus qu'aucune autre, mais ne l'a pas encore été voir dans sa chambre, comme le bruit en a couru ici (2). » Le siège de Mlle de Keroualle dura, en effet, près d'un an.

Au mois d'octobre 1671, Colbert de Croissy la disait logée et très bien meublée à Whitehall, recevant tous les jours à huit ou neuf heures du matin, une visite d'une heure ou deux du roi. « Il y demeure même beaucoup plus longtemps l'après-midi, ajoute l'ambassadeur, est de moitié avec elle de tout ce qu'elle joue et ne la laisse manquer de rien. Tous les ministres recherchent fort aussi l'amitié de cette demoiselle et Milord Arlington me dit dernièrement qu'il était aise de voir que le roi s'attache à elle et qu'encore que Sa Majesté ne soit d'humeur de rien communiquer de ses affaires aux dames, néanmoins, que comme elles peuvent dans des occasions nuire quelquefois à ceux qu'elles haïssent et ruiner par là bien des affaires, il valait beaucoup mieux pour tous les bons serviteurs du roi que son inclination se portât pour celle-ci, qui n'a pas d'humeur malfaisante et qui est demoiselle, que pour des comédiennes et

(1) Burnet. *Histoire d'Angleterre*, I, 680.

(2) Archives des Affaires étrangères : Angleterre, t. XVI.

bien d'autres petites créatures, avec lesquelles nul honnête homme ne pouvait prendre aucune mesure. Au lieu qu'allant chez cette demoiselle, il ne sort point de son palais et chacun peut l'y voir entrer et sortir et lui faire sa cour, qu'il fallait conseiller à cette demoiselle de bien ménager les grâces du roi et ne lui faire trouver chez elle que plaisir et que joie. Il ajouta même que, si Mme d'Arlington l'en croyait, elle conseillerait à cette demoiselle de consentir à tout ce que le roi demanderait et qu'il n'y avait point d'autre parti pour elle que celui-là ou une religion en France, et que je la devais presser, aussi bien que lui, de prendre le premier. Je lui dis, en riant, que je ne la croyais ni assez ingrate envers le roi, ni assez sotte pour préférer une religion à l'honneur de ses bonnes grâces, que j'étais même persuadé qu'elle n'avait pas attendu mes conseils, que néanmoins je les lui donnerais pour marque de l'approbation que, lui et moi, nous donnerions à tout ce qu'elle peut avoir fait et l'informer des obligations qu'elle avait à lui Milord. Je crois vous pouvoir assurer que, si elle fait assez de progrès dans l'amitié du roi pour pouvoir être utile à quelque chose au service de Sa Majesté, elle fera son devoir (1) ».

Ministres, ambassadeurs furent bientôt au comble de leurs vœux. Vers la fin d'octobre, Louise de Keroualle était installée au château d'Euston, propriété de la comtesse d'Arlington, qui y avait invité pour la circonstance l'ambassadeur de France, la comtesse de Sunderland et quelques autres personnages de la Cour. Le roi venait, chaque jour, de Newmarkett. On imagina. un beau soir, de déguiser la fille d'honneur en mariée ; on feignit un mariage avec le roi et on se divertit à la mettre au lit et à lui tirer ses bas avec le cérémonial plus gai que pudique du bon vieux temps. C'est donc à Euston que Louise s'abandonna pour la première fois à Charles II. Elle insista beaucoup sur ce qu'elle ne se vendait pas. « Je suis pas une p...., disait-elle, dans

(1) Archives des Affaires étrangères : Angleterre, t. CI.

un anglais de petit nègre; si je pensais que je fusse une p..., je me couperais moi-même la gorge. » (1) Charles II fut enchanté. Louise s'étudiait uniquement à lui plaire. Depuis Jane Roberts, maîtresse fugitive et bien vite perdue de vue (2), il n'avait jamais rencontré avec tant de jeunesse, ce quelque chose d'attendrissant et de naïf qui conquiert aisément le cœur des blasés. Les jours qui suivirent, Louise se tenait déshabillée toute la journée, tandis que chacun n'était occupé qu'à la gâter et à la divertir. Sa taille souple et bien faite, la blancheur de sa peau, ses lèvres finement dessinées et un peu sensuelles, la rendait l'égale des duchesses de Richmond et de Cleveland. Son succès fut complet. « J'ai donné bien de la joie à Mlle de Keroualle, écrivait le 7 novembre 1671 Colbert de Croissy à Louvois, en l'assurant que Sa Majesté serait bien aise

Louise de Keroualle.
Portrait par Peter Lely, gravé par J. Lloyd.
(Bibliothèque Nationale. Estampes.)

(1) Forneron. *Louise de Keroualle*, p. 52.

(2) Jane Roberts, fille d'un clergyman, avait vraiment aimé le roi. A en croire Burnet, elle mourut dans la pénitence en faisant écrire à Charles II combien elle était tourmentée par la pensée de leur vie coupable (Jesse. *Memoirs*, III, 290).

qu'elle se maintint dans les bonnes grâces du roi. » Louis XIV envoya à Mme Arlington un collier de perles de 60 000 livres en reconnaissance des services qu'elle avait rendus pour l'union des deux monarchies. L'entente cordiale semblait fondée. Mlle de Keroualle n'était-elle pas le meilleur des agents, le négociateur permanent sur lequel pouvait compter la politique française? Elle n'avait pas cédé à Charles II sans s'y faire autoriser par la Cour de France. A la fin de 1672, elle chargeait Colbert de demander au roi la permission de se faire naturaliser Anglaise pour « pouvoir profiter des dons que le roi avait la bonté de lui faire ». Colbert négligea durant un mois de transmettre sa demande. Le 13 février 1673, Pomponne lui expédiait le brevet qu'elle sollicitait, et le 25 juillet la chancellerie anglaise enregistrait les nouveaux titres de Mlle de Keroualle faite duchesse de Portsmouth, baronne de Petersfield et comtesse de Farnham. En 1675, Louis XIV lui offrait des pendants d'oreilles en diamant de 18 000 livres. « Elle m'a prié, lui écrivit Ruvigny, d'assurer Votre Majesté qu'elle n'oubliera rien à dire ou à faire pour votre service. » Et bientôt, en réponse aux bienfaits de Louis XIV, la duchesse de Portsmouth lui envoyait son portrait et deux montres. Elle témoignait, en toute occasion, tant d'ardeur pour la cause et la personne de Louis XIV que Charles II, l'entendant se plaindre que les billets qu'elle recevait de Versailles n'eussent pas un ton galant et familier et se terminassent par la formule que « Dieu vous ait en sa sainte garde », lui disait en riant : « Je vois bien, Madame, que des lettres d'un autre style vous plairaient davantage. »

L'accord parfait régnait, d'ailleurs, entre roi et maîtresse. Au printemps de 1674, Charles II n'était pas sans lui avoir fait quelque infidélité. Le duc de Monmouth n'avait pas perdu cette occasion d'inviter le roi à boire à la santé d'un c..., formule qu'il avait adoptée chaque fois que Charles II avait une nouvelle maîtresse. Cette frasque n'avait pas été sans conséquence. « Pendant que le roi conquête des provinces, écrivait Ruvigny à Pomponne, le roi d'Angleterre a gagné la c... qu'il a pris la peine de communiquer à la duchesse de Portsmouth. Ce prince en est presque guéri, mais il y a apparence que la dame n'en sera pas aussitôt guérie. Elle a été consolée d'un si fâcheux présent par un autre qui est bien mieux à son usage. Elle a eu un collier de perles de 4000 jacobus et un diamant de 6000 dont elle est si contente que je ne doute pas qu'à ce prix-là elle en souhaitât encore une autre(1). » En France, on ne revenait pas de la rapide fortune de la petite Bretonne. « Pour l'Angleterre, écrivait Mme de Sévigné le 11 septembre 1675, Keroualle n'a été trompée en rien. Elle avait envie d'être la maîtresse du roi, elle l'est. Il couche quasi toutes les nuits avec elle, à la vue de toute la Cour. Elle a un fils qui vient d'être reconnu, à qui on a donné deux duchés. Elle amasse des trésors et se fait redouter et respecter de qui elle peut. Elle n'avait pas prévu de trouver sur son chemin une jeune comédienne dont le roi est ensorcelé. Elle n'a pas le pouvoir de l'en détacher un moment. Il partage ses soins, son temps et sa santé entre elles deux. La comédienne est aussi fière que la duchesse de Portsmouth. Elle la morgue, elle lui dérobe souvent le roi. Elle se vante de ses préférences. Elle est jeune, folle, hardie, débauchée et plaisante. Elle chante, elle danse et fait son métier de bonne foi. Voici son raisonnement : « Cette duchesse, dit-elle, fait la personne de qualité, elle dit que tout est son parent en France. Dès qu'il meurt quelque grand, elle prend le deuil. Eh bien, puisqu'elle est de si grande qualité pourquoi s'est-elle faite p...? Elle devrait mourir de honte. Pour moi, c'est mon métier, je ne me pique pas d'autre chose. Le roi m'entretient. Je ne suis qu'à lui présentement. Il m'a fait un fils, je prétends qu'il doit le reconnaître et je suis assuré qu'il le reconnaîtra, car il m'aime autant que sa Portsmouth. » Cette créature tient le haut du pavé et décontenance et embarrasse singulièrement la duchesse. » Nell prenait au grand sérieux sa

(1) Forneron. *Louise de Keroualle*, 82.

liaison avec Charles II. Le duc de Buckingham étant entré dans l'appartement secret de son maître, sous prétexte de l'y attendre pour l'entretenir d'affaires importantes, y trouva la comédienne et la pressa très fort. Nell s'en plaignit en termes très vifs et Buckingham faillit être chassé de la Cour (1).

La duchesse de Portsmouth avait à ce moment d'autres adversaires. Le duc d'York, à la nouvelle que les jésuites avaient amené Louis XIV à congédier Mme de Montespan, n'avait trouvé rien de mieux que de venir, tout joyeux, raconter la chose au roi et à sa maîtresse. La duchesse en fut toute décontenancée (2). Parmi les gens des ports, le bruit courait que par la duchesse de Portsmouth, que l'on appelait Carwell, l'Angleterre était entièrement à la merci de la France. C'était pour elle, disaient-ils, que le roi avait vendu Tanger. Le roi de France allait acheter les autres colonies. Aussi affichait-on sous un portrait à cheval du roi un placard portant que Charles II était pire que son père, et qu'ayant mécontenté tous ses amis, il allait être contraint d'aller vivre en France avec la « Carwell ». Celle-ci avait fait transporter dans les dix-neuf derniers jours, dit un affidavit du 6 décembre 1675, dix-sept mille livres en France (3). On publiait une amusante pasquinade, *La Bataille divertissante entre deux chiens de manchon du pays d'Utopie.* Les deux toutous Tutty et Courte Gueule, le premier appartenant à Nell Gwynn et le second à la duchesse de Portsmouth, entamaient une discussion plaisante et hargneuse sur les mérites respectifs de leurs maîtresses. La querelle allait se terminer par une bataille, quand les dames rivales entraient brusquement. « Je vous en prie, Madame, disait la duchesse de Portsmouth, laissez libre champ à mon chien, je proteste. Vos jupons le gênent pour s'attacher à son adversaire. La loyauté est la loyauté.

(1) Forneron. *Louise de Keroualle*, 61.
(2) Burnet. *Histoire d'Angleterre*, II, 86.
(3) *Calendar State Papers, domestic : Charles II*, XXI.

Louise de Keroualle, duchesse de Portsmouth.

Portrait par Peter Lely, gravé par C.-E. Wagstaff.

— Madame, je croyais vraiment en savoir aussi long qu vous sur la manière de faire battre les chiens, répliquai Nell, mais puisque vous avez la prétention de m'apprendr comment on s'y prend én France, je vous prie, Madame, d vous tirer un peu à l'écart, si vous tenez à votre chair, ca mon petit chien est des plus matois et il flaire une demoi selle papiste de fort loin. Je vous avertis, madame, vou vous trouvez sur un terrain dangereux... Hallo! hallo hallo! Ah brave Tutty! Ah vaillant Courte Gueule! Un guinée sur Tutty! Deux contre une sur Tutty! Bie travaillé dit Monsieur! Par Dieu! par Dieu! J'ai perdu prè de dix mille livres! Tutty... on dirait qu'il a battu Court Gueule. Tutty rentre victorieux à la maison. Adieu (1). » L Française est devenue si impopulaire, si détestée que c'e maintenant à qui prendra le parti de Nell Gwynn. U orfèvre expose un service de table coûtant fort cher, qu'il fait par ordre du roi pour la duchesse de Portsmouth. Le gens s'attroupent par curiosité devant la boutique et s répondent en malédictions contre la duchesse: « Ah! puiss cet argent être fondu pour qu'on le lui verse dans la gorge, disent les uns. Et d'autres rispostent : « C'est mille fo dommage que Sa Majesté n'ait pas destiné ce présent Mme Nell (2). » Un jour, à Oxford, Nell Gwynn se promèn en carrosse. On la hue, la prenant pour sa rivale. Sûre d son empire, elle passe sa tête à la portière. « Je vous e prie, braves gens, calmez-vous. Je suis la p... protestante.

Mais voici qu'en janvier 1676 arrive à Londres, la bell la merveilleuse Hortense Mancini, duchesse de Mazari Mariée par le cardinal au duc de la Meilleraie, espèce d fou qui barbouillait les peintures du Titien et du Corrè sous prétexte qu'elles s'écartaient des règles strictes de décence et brisait les statues de la galerie du cardinal (3 qui déclarait au roi que l'ange Gabriel l'avait averti qu

(1) Jesse. *Memoirs*, III, 383.
(2) *Gentlemen's Magazine*, 1752, t. XXII, p. 199.
(3) *Lettres du comte de Bussy-Rabutin*, t. II, p. 42.

arriverait malheur à son maître s'il ne rompait pas avec Mlle de La Vallière (1), la duchesse de Mazarin n'a pu s'entendre avec un mari aussi extravagant. Elle s'est d'abord retirée au couvent des filles de Sainte-Marie de la Bastille où se trouvait déjà la marquise de Courcelles dont Louvois était éperdument épris.

Mazarin et Courcelles
Sont dedans un couvent,
Mais elles sont trop belles
Pour y rester longtemps (2).

Elles prennent pour tâche de rendre folles les religieuses et de les mettre sur les dents. On les envoie à l'abbaye de Chelles et là elles soutiennent un siège contre le duc de Mazarin. Les beaux-frères d'Hortense, le comte de Soissons et le duc de Bouillon, viennent la délivrer. Mais, comme le procès que lui fait son mari devant le Parlement menace de tourner mal, elle s'enfuit en Lorraine, puis gagne l'Italie où elle séjourne longtemps à Venise, à Vienne et à Rome. Elle obtient ensuite de la faveur du roi de rentrer en France, se fait renvoyer plus ou moins volontairement en Italie, et c'est après maintes équipées à travers la Savoie, l'Allemagne et la Hollande qu'elle arrive à Londres.

Le duc d'York lui donne l'hospitalité dans sa maison et le roi d'Angleterre l'y fait complimenter. « Voyageuse comme le soleil, et éclatante comme lui, à travers le monde s'avance la belle Mazarin, » chante Waller. Elle a pour mentor M. de Grammont. « Pour moi qui ne l'avais pas vue depuis les premiers jours de son mariage et qui m'en étais conservé l'idée, écrit Ruvigny à Pomponne, j'y ai remarqué un changement qui n'empêche pourtant pas qu'elle soit plus belle que tout ce qui est en Angleterre... Elle est entrée dans la Cour comme Armide dans le camp

(1) *Mémoires de l'abbé de Choisy.*
(2) *Chansonnier de Maurepas.*

de Godefroy. On parle d'elle partout, les hommes avec admiration, les femmes avec jalousie et inquiétude. Tout le monde est ici dans l'attente de quelque changement extraordinaire, et on s'imagine qu'une dame si vantée ne peut manquer d'y produire des aventures (1). »

On présage la chute prochaine de la duchesse de Portsmouth. Nell se met en grand deuil par railleries. La duchesse de Cleveland que Churchill, le futur Malborough pille depuis longtemps, a été abandonnée par lui, et quand elle réussit à l'attirer de nouveau dans son alcôve, Charles II, qui le prend en flagrant délit de braconnage, se contente de lui dire : « Je vous pardonne, vous faites cela pour avoir du pain (2). » De dépit, la dame part pour la France avec ses deux fils. Précisément à ce même moment, la duchesse de Portsmouth fait une chute de voiture, dont les suites la séparent pour quelque temps du roi. Les chemins sont libres pour la duchesse de Mazarin et elle est si belle qu'elle semble irrésistible. « C'est une beauté romaine, dit Saint-Evremond. La couleur de ses yeux n'a point de nom, ce n'est ni bleu ni gris, ni tout à fait noir : la douceur des bleus, la gaieté des gris et surtout le feu des noirs. Il n'y en a point de si doux (3). » Charles II n'y résistera pas. On remarque en juillet que le roi, s'il continue à donner publiquement à la favorite tous les témoignages d'amitié et de considération qu'elle peut désirer, ne la voit plus que bien accompagné. « Cependant, observe Courtin, c'est un prince qui va au fait. Je sais que Mme de Mazarin lui plaît fort et je vois qu'il n'oublie rien pour dépayser Mme de Portsmouth sur son sujet (4). » Quelques jours plus tard, l'envoyé français peut confirmer ses premiers soupçons. « Je vis hier, raconte-t-il le 6 août à Louvois, une chose qui me fit la plus grande pitié du monde, et qui vous aurait peut-

(1) Forneron. *Louise de Kerouallc*, 101.
(2) Forneron. *Louise de Kerouallc*. 13 et 141.
(3) *Œuvres de Saint-Evremond*, VII, 129.
(4) Forneron. *Louise de Kerouallc*, 115.

Hortense de Mancini, duchesse de Mazarin.

Portrait par Peter Lely, gravé par Walck.

être attendri tout sage et tout vertueux que vous êtes. J'allai chez Mme de Portsmouth. Elle m'ouvrit son cœur, en présence de deux filles qui sont à elle. Ces deux filles étaient collées contre la muraille, les yeux baissés. La maîtresse versait un torrent de larmes. Les soupirs et les sanglots coupaient ses paroles. Enfin, jamais spectacle ne m'a paru plus triste et plus touchant. Je demeurai jusqu'à minuit avec elle, et je n'oubliai rien pour lui remettre l'esprit et lui faire connaître l'intérêt qu'elle avait de dissimuler son chagrin. » Louvois et Louis XIV ne prennent pas les choses au grave. « La scène de la *signora adolorada*, répond le ministre, a assez diverti Sa Majesté et je suis sûr qu'elle vous avait fort réjoui le premier (1). »

Courtin, l'ambassadeur de Portugal « qui se meurt pour Mme Mazarin, » Mme de Sussex, Mme Middleton « qui est la plus belle femme qu'il y ait dans le royaume » sont sans cesse en parties de plaisir. L'ambassadeur de France donne des fêtes où l'on danse et où l'on joue à l'hombre. « Les galants des demoiselles y seront, et les filles se loueront de mon honnêteté et diront assurément que je sais vivre. Il faut être homme de plaisir en Angleterre ou n'y point venir (2). » Tout irait pour le mieux aux yeux de Courtin, si M. de Monaco ne s'avisait de s'éprendre de Mme de Mazarin. Alors, adieu le beau projet de remplacer, le cas échéant, Louise par Hortense! Adieu la tranquillité de ce logis où l'on se trouvait si bien! « Nous y demeurons tous jusqu'à minuit, écrit-il à Louvois, la maison est fort agréable et on y vit fort commodément. On y joue toujours à l'hombre. Je m'intéresse avec quelqu'un qui tient la carte et je suis dans une grande chaise au coin du feu, avec un des livres que je tire de la bibliothèque qu'a composée M. l'abbé de Saint-Réal. J'achevai avant hier la lecture d'Appian Alexandrin, c'est-à-dire un fort gros volume et je commençai hier les *Annales* de Tacite de la traduction

(1) Forneron. *Louise de Keroualle*, 117.
(2) Forneron. *Louise de Keroualle*, 121.

de M. d'Ablancourt (1). » Tout le temps ne se passe pas en lectures aussi sévères. Quand Mme de Mazarin et Mme de Sussex dînent chez l'ambassadeur, après minuit on représente les courses de Newmarkett et comme les détails sont trop croustilleux, Courtin les efface de sa dépêche et les remplace par des détails sur les chaussures anglaises, les jupes courtes, les bas de soie verte, les boucles de diamants aux jarretières de velours noir portées au-dessus du genou, et un souvenir lui fait mêler à sa description ce trait qui n'a plus rien à faire avec la mode, qu'au « défaut du bas de soie, la peau est blanche et satinée (2). »

Ailleurs, il revient sur ses rapports avec Mme de Mazarin. « Mme Mazarin, dit-il, vit fort honnêtement avec moi. Je suis fort aise qu'elle soit ici pour tout ce qui regarde ma satisfaction particulière. Mais, comme je l'ai déjà mandé à M. de Pomponne, je vois fort bien qu'elle se cache de moi et qu'elle n'est pas contente du peu de considération qu'on a eu en France pour les demandes que le roi d'Angleterre a faites en sa faveur et je suis le plus trompé du monde ou elle est ici dans quelque intrigue (3). » Ce n'est pas une raison pour ne pas continuer la surveillance. « La comédienne, écrit Courtin à Louvois le 17 décembre 1676, n'épargne pas Mme de Portsmouth et c'est chez elle que le roi soupe fort souvent avec des débauchés et qu'on dit librement tout ce qu'on pense. » Quelques jours plus tard, Courtin revient sur la duchesse de Mazarin. « A l'égard de Mme Mazarin, la seule chose que je sais, dit-il, c'est que le roi découche fort souvent et qu'il ne revient qu'à cinq heures du matin se mettre dans son lit. Les courtisans les plus éclairés ne croient pas qu'il passe la nuit chez la duchesse de Portsmouth, il lui donne toutes les apparences pendant le jour, mais il se réserve de passer la nuit avec qui bon lui semble. » Le but de Courtin, c'est de persuader Louvois que Mme de Mazarin n'est la maîtresse de

(1) Forneron. *Louise de Keroualle*, 124.
(2) Forneron. *Louise de Keroualle*. 124.
(3) Forneron. *Louise de Keroualle*, 142.

Charles II que par manque d'argent. « Elle dépense beaucoup plus que les 2000 écus qu'elle reçoit de son mari, dit-il le 21 janvier 1677. » Puis, il entre dans des détails sur les relations de la belle duchesse avec le roi. « Mme de Mazarin, écrit-il le 4 mars, a été depuis trois heures jusqu'à sept heures avec le roi; il y a deux appartements qui tiennent au sien, dans lequel on entre par plusieurs portes différentes dont il n'y a que lui et un valet de chambre de confiance qui ait la clef. » Cette vie de la Cour a pour résultat d'amener les rencontres les plus étranges. « Je vis avant-hier, écrit Courtin le 18 janvier, une assez plaisante scène. Mme la duchesse de Portsmouth était venue rendre visite à Mme Mazarin, ce qui ne lui arrive pas souvent. En même temps, la comédienne, qu'on appelle miss Nelly, venait remercier Mme Mazarin des compliments qu'elle lui avait fait faire sur ce que son fils avait été reconnu comte de Burford. Tout cela se passa néanmoins assez galamment et avec assez de civilités de part et d'autres. Quand Mme de Portsmouth fut partie, la comédienne, qui était fort enjouée, me pria devant tout le monde de lui faire faire un présent par le roi (de France) me disant qu'elle le méritait bien, qu'elle servait mieux le roi d'Angleterre que Mme de Portsmouth, me faisant entendre, et avec toute la compagnie, qu'il couchait plus souvent avec elle. On lui fit lever toutes ses jupes les unes après les autres; je n'ai jamais rien vu de si propre ni de si magnifique. Je n'en serais pas demeuré là avec M. de Pomponne, mais il faut être sage avec vous (1). » Quelques jours après, c'est une autre rencontre, Mme Harvey, Mme de Portsmouth et Mme de Mazarin. Elles se détestent. « On enferma deux ou trois fois les dames que l'on croyait mal ensemble, afin qu'elles pussent se réconcilier. Mme de Mazarin et Mme de Portsmouth sortirent en se tenant par la main, en sautant et dansant sur les degrés (2). »

(1) **Forneron.** ***Louise de Kerouâlle***, **138.**
(2) **Forneron.** ***Louise de Kerouâlle***, **140.**

Mme de Portsmouth va-t-elle se tenir pour vaincue? Courtin ne le pense pas. « Mme de Portsmouth, dit-il, est revenue des eaux dans le meilleur état. Les courtisans croient qu'on l'attendait comme les moines font l'abbé. Mais il me semble qu'ils ont été trompés. J'apprends, néanmoins, qu'il y a déjà quelque temps qu'on la laisse au repos. Mais, si elle continue à se bien porter, elle a une belle peau et je ne crois pas qu'on puisse être toujours auprès sans en avoir envie (1). » Voici, d'ailleurs, qu'un coup de tête d'Hortense modifie la situation et vient aider Louise à reconquérir Charles II. La belle Romaine s'est amourachée du prince de Monaco. Vainement Courtin et Saint-Évremond s'emploient-ils à l'arrêter sur cette pente fatale des entraînements du cœur. Charles II, pour qui cette maîtresse d'hier n'est pas une habitude, lui retire la pension de 4000 livres sterling, qui l'aidait singulièrement à payer les livrées magnifiques qui préoccupent Courtin. Elle reviendra un peu plus tard à la Cour dans une demi-

Charles II en 1680.
Portrait par Peter Lely, gravé par A. Blooteling.
(Bibliothèque Nationale. Estampes.)

(1) Forneron. *Louise de Keroualle*, 146.

faveur (1). Elle recouvrera sa pension, non point à titre de maîtresse, mais en restitution des sommes que le roi d'Angleterre a jadis reçues de son oncle le cardinal. Alors, au pavillon de Saint-James, que le roi lui donne pour résidence, on jouera d'une façon qui désole Saint-Évremond qui n'aime ni la bassette, ni le croupier Morin. « Hortense, dit-il,

> Hortense joue à la bassette
> Aussi longtemps que veut Morin.
> Vous veillez jusqu'au lendemain.
> Plus d'opéra, plus de musique,
> De morale, de politique.
> . . . .
> Beaux yeux, quel est votre destin ?
> Périrez-vous, beaux yeux, à regarder Morin ? (2)

mais quand la duchesse de Mazarin disparaît de Whitehall, presqu'aussitôt, la duchesse de Cleveland en disparaît aussi. Charles II est dans une veine de justice distributive. Il a pardonné un Churchill, comme il pardonnait Hall ou Goodman; mais il ne pardonne pas des lettres où l'on se moque de lui. Il semonce la dame. « Tout ce que je vous demande, lui dit-il, et dans votre intérêt même, c'est de vivre désormais de façon à faire le moins de bruit possible, et qui que vous aimiez, je ne m'en soucie point (3). » Puis, le lendemain, il adresse à la duchesse de Cleveland une lettre l'invitant à s'absenter quelque temps outre mer. « Comme je suis vraiment fâché, lui écrit-il, de cette circonstance, vous pouvez être certaine que je ne le désirerai pas plus longtemps que cela ne sera absolument nécessaire, tant pour votre bien que pour mon service, et je désire que vous sachiez combien j'ai de peine à vous écrire cela, car il n'y a rien à quoi je sois plus sensible que

(1) Amédée Renée. *Les Nièces de Mazarin*, 335.

(2) *Œuvres de Saint-Evremond*, IV, 322.

(3) Ce sont les termes mêmes dans lesquels la duchesse de Cleveland rappelle cette conversation à Charles II dans la lettre qu'elle lui écrivait de Paris quelques mois après.

la bonté constante que vous m'avez montrée (1). » A Paris, la pauvre détraquée est reprise par cette rage des lettres intempestives. « Je vous avoue, dit-elle à Charles II dans une longue confession, que j'ai écrit une sotte lettre au chevalier de Châtillon (2). Tout ce que je puis vous dire pour me disculper, c'est que comme vous savez ce que c'est que d'aimer et qu'on n'est point maîtresse de soi-même, vous ne sauriez m'en vouloir, puisque toutes les choses de ce genre sont finies entre vous et moi et que je ne pouvais vous faire aucun tort. » Puis, la dame s'en prend à l'ambassadeur, Ralph Montague, qui a berné le roi comme « un enfant naïf », qui veut supplanter Bob May et jouer les plus vilains tours du monde à la duchesse de Portsmouth. Montague lui a fait toutes les méchancetés qu'il pouvait parce qu'aimant le chevalier de Castillon, elle s'est refusée à devenir la maîtresse de l'ambassadeur. « Quant à sa conduite envers moi, elle me peinerait bien plus si ce qu'il a fait a été fait par votre ordre. Car, bien que je sois pleine de soumission pour vos volontés et que je ne me plaigne point de ce qu'il vous plaira de m'infliger, je ne pense pas que vous ayez poussé les choses à cette extrémité pour moi. Il n'est point dans votre naturel de faire des cruautés à quelque être vivant que ce soit. J'espère donc que vous ne commencerez point par moi (3). » Charles II avait été vraiment joué par Montague (4) qui avait, en outre, abusé de son nom auprès des ministres de Louis XIV. Un prompt départ pour l'Angleterre empêcha seul que le fils du comte Sandwich ne fût rappelé. Quant à la duchesse de Cleveland, son exil ne tarda pas à prendre fin et elle fut rappelée à la Cour.

(1) Jameson. *Memoirs*, 101.

(2) Le chevalier de Castillon était un capitaine des gardes du duc d'Orléans. « Il n'avait ni pain, ni sens, ni esprit, dit Saint-Simon, il avait fait sa fortune par sa figure. »

(3) Jameson. *Memoirs*, 96.

(4) Les curieux trouveront dans l'*Histoire d'Angleterre*, de Burnet, tome II, page 95, l'histoire de l'astrologue et de ses prédictions.

Quelques mois plus tard, Charles II avait encore l'occasion d'intervenir dans les affaires d'une autre de ses anciennes maîtresses. Jacques How, un des jeunes petits maîtres de la Cour, s'était déclaré le patito de la duchesse de Richmond sans qu'elle daignât le regarder. Pour se venger de ses mépris, il prétendit posséder des témoignages écrits de ses faveurs. La duchesse s'en plaignit au roi qui chargea Monmouth, le comte d'Essex, lord Sunderland et le comte d'Halifax d'examiner l'histoire. La correspondance que produisit How se bornait à une lettre falsifiée. Le roi chassa How de la Cour (1).

Cependant, Mme de Mazarin vivait à l'écart, menant assez grand train et accueillant la meilleure société. Les propos, qui s'échangeaient dans ses salons, ont été en quelque sorte saisis sur le vif, dans certaines pièces enfouies dans l'œuvre si touffue et si peu lue de Saint-Evremond. Témoin, ce dialogue de Mme Middleton et de M. Villiers tenu à quelques pas de la table où officiait Morin :

Mme MIDDLETON

Dites-nous qui des deux vous semble la plus belle?
De Mesdames Grafton ou Litchfield. — Laquelle?

M. VILLIERS

Commencez, dites-nous, Madame Middleton,
Votre vrai sentiment sur Madame Grafton?

Mme MIDDLETON

De deux doigts seulement faites-la moi plus grande,
Il faut qu'à sa beauté toute beauté se rende.

M. VILLIERS

L'autre n'a pas besoin de cette faveur-là!

Mme MIDDLETON

Elle est grande, elle est droite...

M. VILLIERS

Après cela?

Mme MIDDLETON

Madame Litchfield, un peu plus animée,
De tous ceux qu'elle voit se verrait fort aimée.

(1) Sidney. *Diary,* t. I, 100-122. L'incident est du 2 septembre 1679.

Bataille navale du 21 août 1673.

Gravure hollandaise anonyme. (Bibliothèque Nationale. Estampes. Collection Hennin.)

Et le dialogue se poursuit, un peu lent de la part des deux interlocuteurs, comme de gens qui causent en une langue apprise. Mais soudain, l'examen des qualités de Mme Grafton et de Mme Litchfield est interrompu par un cri de regret :

Vos beaux discours d'appâts, de grâce, de beauté,
Nous coûtent notre argent : il ne m'est rien resté!

Mme Middleton proteste; elle n'est point faite pour se taire :

Nous n'avons pas appris à garder le silence,
Comme vous avez fait dans vos couvents de France.
Monsieur, Monsieur Villiers, allons-nous consoler,
Il est d'autres maisons où l'on pourra parler.

Ce qu'il fait dire à Mme Middleton, Saint-Evremond le pense pour son compte. Nul moins que lui n'aima le jeu et le jeu, d'autre part, ne lui était certes pas propice. « Il n'y a si bonne compagnie qui ne se sépare, écrivait-il au comte de Saint-Albans, et à plus forte raison, une société malheureuse ne doit pas durer toujours. La nôtre, milord, est la plus funeste qu'on ait jamais vue. Depuis que je joue chez Mme Mazarin, je n'ai pas eu six fois la *spadille*. Le *baste* (1) vient plus souvent. Mais c'est un fourbe qui m'engage mal à propos et qui me fait faire la *bête*. Je ne file que des trois de pique ou de trèfle et des six de cœur ou de carreau. Cependant, milord, je bénis le ciel, quand on pouvait attendre de moi des lamentations ou des murmures. Grâce à Dieu je donne le bon exemple et tels que votre Moitié peut les donner. Exemples néanmoins qui ruinent mes affaires et n'accommodent pas les vôtres. Ce qui me fit dire hier soir à la Bellegarde :

Je paie et ne joue plus et fais ce qu'il me plaît.

Consolons-nous, milord, nous sommes en meilleure condition que ceux qui nous gagnent notre argent; car il vaut mieux endurer les injustices que de les faire.

(1) Au jeu de l'ombre, le *baste* est l'as de trèfle, la *spadille* l'as de pique. Le *baste* est le troisième des matadors.

Mme Mazarin a les mains bonnes pour voler mes fiches et pour jeter une carte du talon quand je joue sans prendre avec quatre matadors. Je m'adresse à M. de Monaco qui me dit sérieusement et avec un air de sincérité : « De bonne foi, Monsieur de Saint-Evremond, je regardais ailleurs. » Votre ami M. de Saissac rit beaucoup et ne décide rien. M. Courtin déclare que la vexation est grande. Mais toutes les déclarations de M. Courtin font peu d'effet; les déclarations de l'ambassadeur font aussi peu d'effet dans ce logis qu'elles en feraient à la Bourse s'il voulait justifier M. Layton. Dans cette extrémité, je prends le ciel à témoin, et le ciel n'a pas plus de crédit que l'ambassadeur (1). »

Peut-on aimer le jeu, quand on y est malheureux autant qu'en amour? Saint-Evremond est auprès de la belle duchesse un perpétuel soupirant. Hortense n'est certes pas farouche. Elle est d'humeur si distraite qu'elle s'en fie à un petit valet moricaud pour faire la police de ses appas. Saint-Evremond, qui n'ose protester contre M. de Monaco et les autres, se plaint de l'obstacle opposé à ses entreprises par le petit capot qui s'est permis de le surnommer : « *Non beve vino.* »

N'allez pas à Cleveden raconter par le menu
Ma dépense et mon revenu.
Pour me désobliger, vous feriez davantage :
S'il était en votre pouvoir
De cacher votre beau visage,
Vous m'empêcheriez de le voir.
Je n'ai rien tenté sur la bouche
(Trop timide en ce que je veux);
Mais, si j'ose sentir l'odeur de vos cheveux,
Ou prendre quelquefois sur l'épaule une mouche,
Un petit capot vert, More, voleur et gueux,
Vous dit : « *Non beve vino* touche »
Et me fait retirer sur le point d'être heureux.
Ne pensez pas que la Nature
Ne vous ait faite que pour vous;
Vous devez bonnement à votre créature
De vos charmes divins quelque usage assez doux.

(1) Saint-Evremont. *Œuvres*, t. V, 369.

Telle était la société galante qui s'assemblait au logis de la duchesse de Mazarin, et tels étaient ses passe-temps. En cette société cosmopolite, trônaient les belles Anglaises dont Marwel nous a tracé le portrait : « Celia dont l'anglais roule des flots plus riches que ceux du Tage, plus purs que la neige fondue, aussi doux que les lèvres dont il sort, — elle apprend maintenant les langues de la France et de l'Italie, mais elle est toujours Celia. Nulle autre grâce que le sourire qui lui est propre n'orne cette figure charmante ; sa beauté naturelle n'a point été italianisée, pas plus que son esprit chaste n'a été traduit en français. Ses pensées sont anglaises, bien que son langage spirituel sache les revêtir habilement d'un autre idiome (1) ». Comment une Anglaise de qualité se fût-elle refusée à l'étude de la langue du Grand Roi, de celle qu'on parlait à Versailles, point de mire de toutes les secrètes ambitions de Charles II et de ses courtisans.

N'était-ce pas à l'instar de Versailles que le roi faisait dessiner et planter ses jardins ? N'était-ce pas à l'instar de Versailles qu'il meublait ses palais ? « Ce matin, raconte Evelyn, comme je suivais Sa Majesté à travers la galerie, j'entrai avec le petit nombre de personnes de sa suite, dans le cabinet de toilette de la duchesse de Portsmouth, qui fait partie de sa chambre à coucher. Elle y était en négligé matinal, ses femmes de chambre la peignant, et venait de sortir du lit. Sa Majesté et des courtisans étaient debout près d'elle. Mais, ce qui retint le plus ma curiosité, ce fut la richesse et la beauté de l'appartement de cette femme, lequel avait été plusieurs fois démoli et rebâti, pour satisfaire ses fantaisies de prodigalité, de folle dépense, alors que Sa Majesté la reine ne fait pas plus de frais que certaines dames de la noblesse pour son ameublement et son bien-être (2). C'est là que je vis les nouveaux produits de la

(1) Jameson. *Memoirs*, p. 34.

(2). A l'époque où Evelyn visita minutieusement Hampton Court, il remarqua cependant particulièrement « le lit de la reine qui a une tapisserie française dont le dessin, la finesse de travail, l'exactitude incomparable dans la reproduction des tableaux étaient supérieurs à tout ce que j'avais vu jusqu'alors. Certaines tapisseries représentaient Versailles, Saint-Germain et autres palais du roi de France, avec des chasses, des personnages, des paysages, des oiseaux exotiques, tout cela exécuté avec un talent qui lui donnait la vie. Puis, des cabinets de laque du Japon, des paravents, des pendules, de grands vases d'argent ciselé, des tables, des étagères, des garnitures de cheminée, des appliques, des *braseros*, le tout en argent massif, en nombre infini, et enfin, plusieurs des meilleurs tableaux de Sa Majesté (1). »

Le grand peintre à la mode, Peter Lely, fils d'un capitaine de cavalerie d'origine westphalienne, venu en Angleterre dès 1641, et protégé, lors de la Restauration, par la duchesse d'York, avait exécuté la plupart de ces peintures, car il était le portraitiste en titre des beautés de la Cour. « Les nymphes de Lely, a écrit Horace Walpole, sont beaucoup trop coquettes et trop magnifiques, pour qu'on voie en elles autre chose que des filles d'honneur et ses femmes promènent toujours des traînes à franges et à broderies à travers des prairies et des ruisseaux murmurants. »

Lely eut, dans le peintre Verrio, un rival au point de vue de la décoration. Ce fut lui qui exécuta les peintures des escaliers et des plafonds de Hampton Court. Verrio était fort extravagant. L'argent semblait couler entre ses doigts et il faisait, notamment pour sa table, des dépenses telles que souvent il harcelait Charles II avec une hardiesse qu'autorisait la bonhomie du roi.

broderie d'argent sur velours cramoisi, ayant coûté 8 000 livres et qui est un présent fait par les Etats de Hollande, lorsque Sa Majesté revint. Il avait été donné par eux à la sœur de notre roi, la Princesse d'Orange et on le lui racheta pour le donner présentement au roi. Le grand miroir et la toilette en or battu et massif furent donnés par la reine-mère. La reine apporta avec elle de Portugal des cabinets de l'Inde, comme on n'en avait jamais vu ici. »

(1). Evelyn. *Memorials*, I. 562.

Une fois, à Hampton Court, fort peu de temps après avoir reçu une avance de 1 000 livres, le peintre décorateur prétendait aborder le roi pour lui présenter une nouvelle requête, mais le cercle qui entourait le souverain était si nombreux qu'il fut impossible à Verrio de l'approcher. Il lui cria donc : « Sire, je demande la faveur de parler à Votre Majesté. — Eh bien, Verrio, dit le roi, qu'est-ce que vous demandez ? — De l'argent, Sire, de l'argent ! Je suis si à court d'argent que je n'ai pas de quoi payer mes ouvriers. Votre Majesté et moi, nous savons par expérience que les colporteurs et les peintres ne peuvent faire un long crédit. » Le roi lui rappela, en souriant, l'avance récente de 1 000 livres. « Oui, Sire, répondit le peintre, mais j'ai tout dépensé en paiements. Il ne me reste plus d'or. — De ce train-là, répartit le roi, vous dépenseriez plus que je ne le fais pour entretenir ma famille. — Parbleu, répliqua Verrio, Votre Majesté tient-t-elle table ouverte comme moi (1) ? » Charles II n'avait qu'à s'incliner devant tant de logique.

Comme portraitiste, Peter Lely avait des rivaux dignes de lui en la personne de Huysmans et de Wissing. Huysmans peignit Frances Jennings tandis que Wissing retraça les traits de la duchesse de Monmouth et de la belle comtesse d'Ossory.

Lady Ossory mérite une page à part. Cette jeune femme avait la grâce des choses fragiles. Le vieux duc d'Ormond, son beau-père, s'était vivement attaché à elle et quand elle mourut jeune, d'une mort rapide et prématurée, il écrivait à un de ses amis : « Je fus dans une grande perplexité au sujet de la santé de la jeune dame que j'ai amenée, comme une étrangère, dans ce pays. Et il a plu à Dieu d'y mettre un terme par sa mort. Je ne suis point assez courtisan, c'est-à-dire habitué à feindre, pour mettre cette perte sur la même ligne que d'autres de cette sorte que j'ai eues à supporter, et je vous assure que sa bonté, sa déférence pour moi, et d'une manière générale, sa conduite, lui avaient

(1) Law. *A Short history of Hampton Court*, 287.

fait faire beaucoup de progrès dans mon affection et promettaient une telle satisfaction, que je suis extrêmement sensible à sa perte. » Le comte d'Ossory sentit d'une façon très aiguë la perte de sa jeune femme, mais un an plus tard, il était consolé et épousait Lady Marie Somerset (1). Ce fut surtout dans la famille de la défunte que l'impression causée par cette mort fut durable. Son père, Lord Rochester, écrivit, à un anniversaire de la mort de la jeune comtesse, une méditation émue où il se remémore ses sensations et s'étend avec une sorte d'étonnement douloureux sur les souvenirs de la semaine qui suivit le décès et précéda l'arrivée en ses mains de la triste nouvelle. Aucune voix intérieure ne lui avait murmuré, non plus qu'à la mère, le moindre soupçon que cette créature si aimée, qui tirait d'eux toute son existence et en faisait en quelque sorte partie, gisait, insensible, morte, que cette vie, qui avait été leur joie, avait quitté le monde où ils restaient ». « Il a plu à Dieu, écrivait le malheureux père, de la reprendre et j'ai passé une semaine de plus à me bercer de la vaine espérance que je recevrais d'elle de meilleures nouvelles, que le plus grand danger était passé, jusqu'à ce qu'enfin la fatale nouvelle arrive, une semaine après que le coup eût été porté. Cette semaine entière, je l'ai passée, alors qu'elle gisait glacée et insensible, à me livrer aux diverses occupations de ma vie. Je suis même allé jusqu'à lui écrire d'ici, après le jour de sa mort, dans l'espoir que ma lettre la trouverait mieux portante, avec des expressions de tendresse, pour la maladie qu'elle avait éprouvée, de désir qu'elle recouvrât la santé, d'espoir que dans peu de temps, nous serions heureux dans sa compagnie, de joie et de consolations pour moi-même qui me croyais destiné à aller vivre sous le même toit qu'elle. Je le dis, j'avais écrit tout cela. Et à qui ?... A ma pauvre enfant déjà morte. Oh ! qu'elle est triste et imprévoyante, la condition humaine ! » Et Lord Rochester poursuit ces rappels d'un triste passé en ajoutant :

(1) *Memoir of Lady Ossory*, 334.

« Au cours de tout cela, j'avais ma femme alitée, affaiblie, épuisée par une longue et continuelle maladie et maintenant, en quelque sorte, assommée par ce coup si cruel. — Une femme pour qui j'avais toute la tendresse imaginable, avec qui j'avais vécu longtemps heureux et dont j'avais toute raison d'être charmé, dont il me fallait réconforter et soutenir le cœur défaillant et le courage sans forces, alors que l'un et l'autre me manquaient (1). »

Quel contraste entre cette page extraite d'un livre de raison de famille où se peint la vie anglaise et les croquis des Mémorialistes sur la vie galante de la Cour ! Le désaccord va se prolonger pendant dix-huit ans, jusqu'à ce qu'il aboutisse à la grande secousse de 1688.

(1) Jameson. *Memoirs*, p. 207.

VI

Fin de Règne.

Pendant quinze ans, dit quelque part Saint-Évremond, le ruban de soie qui serrait la taille de Mlle de Kéroualle unit la France à l'Angleterre.

C'est par elle que Louis XIV s'assure l'appui de la flotte anglaise dans ses guerres avec la Hollande. A Solebay, à Southwold Bay, les marins anglais aident nos vaisseaux à résister à Ruyter.

Tandis que la duchesse de Cleveland avait voulu mener Charles II par les menaces, la duchesse de Portsmouth, tantôt pleurant et tantôt jouant de cent malaises divers, réussissait à faire faire au roi toutes ses volontés (1). Or, ses volontés, c'étaient toujours celles du gouvernement de la France. La duchesse de Portsmouth en était arrivée à aller toujours au-devant des désirs du grand roi. Charles II prenait-il à part Barillon, son ambassadeur, c'était pour lui faire savoir qu'il s'engageait à ne point assembler le Parlement pendant plusieurs années jusqu'à ce que Louis XIV jugerait lui-même « qu'il y avait intérêt à le faire » (2). « Le roi, écrivait Barillon le 6 juin 1679, me fit dire par Mme de Portsmouth qu'il voulait me parler en particulier et que je me trouvasse chez elle quand tout le monde se serait retiré. Elle me dit que Votre Majesté peut, si elle veut, lui conserver sa couronne et l'attacher pour toute sa vie à ses intérêts, qu'il n'est plus question présentement de compliments et de paroles et qu'il faut que

(1) Sidney. *Diary*, t. II, p. 114.

(2) Dépêche de Barillon, 31 août 1679, citée par Forneron.

Votre Majesté détermine s'il lui convient que l'Angleterre soit gouvernée par une république ou par un roi, que les affaires sont réduites à une telle extrémité que si Votre Majesté ne prend point le parti de soutenir la royauté, rien ne pourra empêcher que le Parlement dispose de la guerre, de la paix et des alliances (1). » Les adversaires de la politique française sont, plus que jamais, pénétrés de haine pour la chargée d'affaires de Louis XIV. « Vous devez savoir, écrit la comtesse de Sunderland à Sidney le 13 janvier 1680, que la duchesse de Portsmouth et le roi ont eu une grande ou plusieurs querelles quand vous avez, pour la première fois, parlé de la belle lettre de Barillon. Cette abominable gredine voulait que le roi vît Barillon en tête-à-tête et lui soufflait ce qu'il devait dire, si bien que notre ami aurait joué le rôle d'un rossignol (2). » Tous ceux qui tiennent du parti protestant, Monmouth comme Nell, se réunissent chez milady Orrery à Windsor et c'est là qu'on conspire contre la favorite (3). « La duchesse de Portsmouth, écrit à Sidney la comtesse de Sunderland, le 30 décembre, est chaque jour plus canaille ». Et huit jours plus tard : « Elle nous vendra certainement, si elle le peut, pour 500 livres (4). »

Les services qu'elle rend sont tels que l'appui de Louis XIV lui est toujours acquis. C'est lui qui la réconcilie avec son père qui l'avait maudite. « Les services importants que la duchesse de Portsmouth a rendus à la France, écrit-il de sa main au vieux gentilhomme, m'ont décidé à la créer pairesse sous le titre de duchesse d'Aubigny pour elle et pour toute sa descendance. J'espère que vous ne serez pas plus sévère que votre roi et que vous retirerez la malédiction que vous avez cru devoir faire peser sur votre malheureuse fille. Je vous en prie en ami et vous le demande en roi. » Quant, en 1682, la duchesse de Portsmouth vient en France,

(1) Forneron. *Louise de Keroualle*, 173.
(2) Sidney. *Diary*, t. I, 232.
(3) Jesse. *Memoirs*, t. III, p. 377.
(4) Sidney. *Diary*, t. I, 226.

elle est reçue à Saint-Cloud par le roi et comblée de présents, ainsi que son fils. Un jour de grande fête qu'elle va aux Capucins de la rue Saint-Honoré, les pauvres religieux sortent en procession pour la recevoir. N'est-elle pas la protectrice des catholiques anglais persécutés et n'est-ce pas à elle qu'ils doivent le peu de répit qui leur est laissé? Aussi, lorsqu'en 1683, à la suite du voyage en Angleterre du grand prieur de Vendôme, elle s'éprend d'une belle passion pour ce petit-fils d'Henri IV et de Gabrielle d'Estrées, Barillon intervient pour mettre fin à cette galanterie en faisant partir le galant. Charles II, que les tête-à-tête de Vendôme ont tiré de son indolence et de son indifférence ordinaires, n'a vu dans le grand prieur qu'un indiscret et sa conduite envers la duchesse, à cette époque, témoigne d'un redoublement d'affection et de confiance. On lui a sauvé la mise (1). On fait mieux. On la réconcilie avec le duc d'York, qui s'engage à assurer le sort de la duchesse, en plaçant sur la tête du duc de Richmond un capital qui la rende indépendante. Pour ses services, la pension qui lui est comptée est bien peu. Si elle est pensionnée par la France, tout le monde l'est comme elle. Les dépêches de Barillon constatent que lord Arlington, lady Shrewsbury, lady Hollis, lord Saint Albans, Montague et jusqu'à lord Sunderland, malgré les injures de sa femme à la duchesse de Portsmouth, sont également des pensionnaires de Louis XIV (2).

C'est encore un pensionnaire de la France que le roi Charles. Témoin cette pièce : « J'ai reçu du Roi Très Chrétien, par les mains de M. Courtin, la somme de cent mille écus, monnaie de France, pour le second quartier qui est échu le dernier jour de juin en déduction des quatre cent mille écus payables à la fin de l'année (3). » Quoi

(1) Jameson. *Memoirs*, 288.

(2) Jameson. *Memoirs*, 284.

(3) Archives des Affaires étrangères : Angleterre, vol. 121. 25 septembre 1676.

d'étonnant! Lorsque quelques années avant, Fouquet a fait proposer à Clarendon un pot de vin de dix mille livres sterling et autant tous les ans, s'il faisait aboutir un projet d'alliance, et que Clarendon a décliné la proposition, la première parole du roi et du duc d'York n'a-t-elle pas été pour l'engager à accepter cette offre (1).

Les nationalistes anglais se répandent en menaces. Un jour, on affiche dans Londres un placard sommant le roi de renvoyer la Portsmouth (2). Son beau-frère, le comte de Penbroke, qui est en querelle avec elle, lui répond crûment que si elle ose porter contre lui ses plaintes du roi, il la placera au milieu du carrefour le plus fréquenté de Londres, la tête en bas, les jambes en l'air, afin que le peuple puisse voir à son aise ce qui cause la ruine de l'Angleterre (3). Au-dessous de son portrait, on trouve un jour inscrits les vers suivants : « Qui pourrait jeter les yeux sur ce portrait sans se demander, au comble de l'étonnement, comment une créature aussi platement niaise a pu réduire un roi au rôle de mendiant, faire verser des pleurs à trois heureuses nations, changer en crainte leur ancienne amitié, ruiner les grands et élever les petits, et néanmoins les trahir tous, les uns après les autres? Naissance basse, éducation vulgaire, malgré cela, elle commande à cette nation, car la moitié de Whitehall lui fait la cour, si l'autre moitié s'en fait un but de raillerie. C'est elle qui apprivoisa Monmouth, qui protégea Jeffrey. Ennemie de l'Angleterre, espion de la France, trompeuse et sale, fière et effrontée, laide ainsi que vous le pouvez voir et vieille (4). » Puis, c'est Marwell qui l'insulte. « Cette Carwell, cette incestueuse

(1) Burnet. *Histoire d'Angleterre*, p. 333.

(2) Misson. *Memoirs*, 204.

(3) Walpole. *Anecdotes of painting*, 464.

(4) Jesse. *Memoirs*, t. III, p. 201. — Un poète contemporain écrit : « Cette figure d'enfant que voilà, ces yeux noirs, à mon avis, ne devraient point surprendre l'amour d'un héros. Nul homme ayant des yeux ne vit jamais dans cette face à la française un tel degré de beauté, d'élégance et de charme gracieux.

catin enivra notre très sacré souverain et, quand il fut ivre, se fit donner le baiser que le royaume doit maudire encore aujourd'hui (1). »

Ces cris de colère n'ont rien changé à la Cour. On y mène toujours joyeuse vie, sans se préoccuper du qu'en dira-t-on. La seule chose qui tranche sur la vie quotidienne, ce sont les coups du malin Cupidon. Il y a parmi les filles d'honneur de la duchesse d'York un laideron s'il en fut. C'est Arabella Churchill, la sœur de ce jeune Churchill qui prélude à ses victoires en mettant à rançon Mme Castlemaine. Arabella monte mal à cheval.

Lady Susan Bellasys.
Portrait par Huysmans, gravé par Thomas Wright.

Un jour que l'on court au lévrier, le duc est près d'elle et lui fait des reproches sur sa mauvaise tenue. Son cheval, qu'elle tient mal en main, se met au galop, s'échauffe et part enfin à toutes jambes. Mlle Churchill chancelle, pousse quelques cris et tombe. Mais sa chute est si adroite, si indiscrète qu'elle découvre ce que les bienséances font couvrir d'habitude. Le duc, qui a mis

(1) Jesse. *Memoirs*, III, 199.

pied à terre pour la secourir, est ébloui de la beauté d'un corps qu'annonçait si peu la figure. Bref, sur la fin de l'hiver qui suivit cet automne, on s'aperçoit qu'elle n'a point tenu le prince à distance et c'est de cette mésaventure de chasse que résultent les Fitz-James et le maréchal de Berwick (1). La duchesse d'York est inquiétée par d'autres qu'Arabella Churchill. Celle qui règne sur James, d'un empire aussi persistant que la Castlemaine sur Charles II, c'est Catherine Sedley qui est sa maîtresse avant son accession au trône et qu'un de ses premiers actes souverains sera de faire baronne de Darlington et comtesse de Dorchester. Elle n'est pas belle et elle le sait. « Je ne sais quelle qualité porte Jacques à choisir ses maîtresses ; aucune de nous n'est jolie et si nous avons de l'esprit il n'en a pas assez pour s'en apercevoir (2) », dit-elle.

Malgré son existence de plaisirs, Jacques s'est converti au catholicisme dès 1669 et a fait son abjuration entre les mains d'un jésuite, le père Emmanuel Lobb (3). Sa femme, Anne Hyde, est au courant de sa conversion. Malade depuis des années, elle mène une vie retirée et pieuse, mais soudain, elle cesse de participer aux sacrements de l'Église anglicane. Enfin, quelques mois avant sa mort, survenue en 1671, elle abjure à son tour entre les mains d'un franciscain (4). Deux ans plus tard, le duc d'York songe à se remarier. Un moment, il s'est proposé d'épouser lady Bellasys dont il est épris. Charles II s'est opposé au mariage. « Il suffit, dit-il, de faire une folie dans sa vie. » Jacques alors veut épouser une catholique. La princesse, dont il a fait choix, est Marie-Béatrice-Éléonore d'Este, fille du duc de Modène et le mariage est célébré à la fois sous la forme

(1) Hamilton. *Mémoires de Grammont*, ch. XIII. — Jesse. *Memoirs*, III, p. 510.

(2) Jesse. *Memoirs*, III, 504-506.

(3) Comtesse de Courson. *La Persécution des catholiques en Angleterre*, p. 36.

(4) Comtesse de Courson. *La Persécution des catholiques en Angleterre*, p. 35.

catholique et selon le rite anglican. Ce nouveau mariage a encore accru l'impopularité de Jacques d'York. Elle devient universelle, quand, au moment du *Test-Act*, il refuse son adhésion à une formule qu'il juge blasphématoire et s'avoue nettement catholique (1).

Les catholiques sont devenus la bête noire du peuple anglais (2). Quand un incendie dévore une immense partie de la ville de Londres, l'homme arrêté et qui s'est déclaré coupable, n'est pas un catholique mais un huguenot français (3), ce qui n'empêche pas que pour tout bon Londonien, les auteurs de l'incendie sont les catholiques. Arrive l'histoire de Titus Oates qui révèle un prétendu complot contre le roi, ourdi par les Jésuites. Immédiatement toute l'Angleterre anglicane prend feu; les pairs catholiques sont exclus de la Chambre Haute, et partout se dressent des échafauds où l'on traîne jésuites, bénédictins, franciscains, prêtres séculiers. Lord Peter, lord Stafford perdent la tête sur le billot. Charles II, qui s'est engagé par le traité secret de 1670 à embrasser le catholicisme, s'excuse comme il peut près de Louis XIV. « Ma douleur, dit-il une fois à Barillon, est fort grande de voir répandre tant de sang innocent, mais je ne puis m'y opposer, sans tout hasarder (4). » Il laisse donc faire et, s'il s'intéresse en particulier à quelque catholique, il lui fait passer en secret l'avis d'aller voyager outre-mer, ou le loge dans quelque poste de la maison de la reine qui, à ses yeux, possède droit d'asile. Chose étrange en effet, ce roi, que rien n'attache à Catherine de Bragance, se fait toujours le protecteur des prérogatives de

(1) Comtesse de Courson. *La Persécution des catholiques en Angleterre*, p. 36.

(2) Je ne voudrais pas, dit un noble lord, lorsqu'on vota le *test*, qu'il restât ici un homme ni une femme papiste; pas un chien papiste, ni une chienne; pas un chat papiste pour miauler ou sauter autour du roi (Hume. *Histoire d'Angleterre*, VII, p. 165).

(3) *An account of the burning of the City of London*, p. 16. — Le récit de l'enquête, dans le *Journal de Pepys*, est particulièrement intéressant.

(4) Forneron. *Louise de Kerouälle*, p. 174.

la reine et se dresse résolument entre elle et ceux qui veulent lui nuire. Quand, en avril 1670, on s'est mis en tête de le faire divorcer pour lui faire épouser, soit la sœur du roi de Danemark, soit « une vertueuse protestante d'Angleterre », il désavoue ceux qui veulent le jeter dans cette voie (1). Ce prince, qui fait si bon marché de ses promesses et de ses engagements, maintient intact ce qu'il a promis au moment de son mariage : le droit de Catherine à exercer librement sa religion.

Est-il en secret catholique? L'était-il quand il se faisait envoyer un scapulaire par sa sœur la duchesse d'Orléans? L'était-il quand, après mars 1672, il a fait demander à Paris un bon théologien pour s'instruire dans la foi catholique (2)? Tout semble démontrer le contraire. Évidemment il n'avait jamais été athée. Comme il le disait un jour à Burnet, il ne croyait pas que Dieu voulût rendre un homme malheureux pour avoir seulement pris quelques petits plaisirs à l'écart. Ce voluptueux était indifférent à tout ce qui n'était pas volupté. Ce qui est certain, c'est que vieillissant, se sentant s'affaiblir, au cours des dernières années de son règne, il s'est intéressé aux choses religieuses, qu'il s'en est entretenu avec le duc d'York, rappelé près de lui après une disgrâce qui lui a été imposée par ses conseillers anglicans et qu'il en est même arrivé à fixer ses idées en écrivant sur des sujets de controverse. Dans ses conversations, d'ailleurs, dans ses écrits, il n'a rien abdiqué des idées anglicanes et sa conversion jusque-là paraît bien latente (3). Mais à la fin de 1684, une légère attaque de goutte a servi d'avertissement à ceux qui s'intéressent à sa santé. Il a renoncé à se lever de bon matin et à passer trois ou quatre heures par jour en plein air, jouant avec ses épagneuls et jetant du pain aux canards du parc de Saint-James (4). Dans les pre-

(1) Jesse. *Memoirs*, II, 24.

(2) Jesse. *Memoirs*, III, 503.

(3) *Mémoires de Jacques II*, 567.

(4) Macaulay. *Histoire d'Angleterre depuis l'avènement de Jacques II*, t. I, 470.

Le combat naval de Solebay livré le jour de la Saint-Médard, 1672, et où fut tué lord Sandwich.
Gravure hollandaise anonyme. (Bibliothèque Nationale. Estampes. Collection Hennin.)

miers jours de 1685, ceux qui l'approchent à tous les instants de sa vie, Thomas Bruce, fils du comte d'Ailesburry, son dévoué serviteur, notamment, constatent en lui un grand changement d'allures.

Depuis le 26 janvier, pour la première fois de sa vie, un incident banal, une petite plaie au talon, lui a interdit de se livrer à son exercice quotidien de la matinée. Cependant il a conservé son robuste appétit. Le 1er février, un dimanche soir, après le souper, il se rend comme de coutume, chez la duchesse de Portsmouth. Il y a là joyeuse société. Les trois duchesses, Louise, Cleveland, de Mazarin, l'entourent et badinent avec lui. Il est de belle humeur. Quand la conversation s'arrête, quand les propos se ralentissent, on écoute un petit musicien français qui chante des vers d'amour. Au fond du salon, vingt personnages, appartenant à la plus haute aristocratie, jouent à la bassette autour d'une table sur laquelle s'étalent plus de 20 000 livres sterling (1). La nuit s'avance. Le roi se lève; appuyé sur le bras de Bruce qui le soutient et l'éclaire, il se fait conduire dans sa chambre à coucher. A l'entrée de la chambre, déjà éclairée, Bruce remet la chandelle au page de l'escalier de service et sans qu'on ait soufflé sur elle, elle s'éteint brusquement « bien que ce fut une très grosse chandelle de cire et qu'il ne fit pas le moindre vent (2). » Bruce a remarqué tous ces incidents, car dans la domesticité du palais, le bruit courait que la vie du prince était en danger pendant toute cette période. On avait vu d'un mauvais œil l'accident de son talon, et quand la chandelle s'éteignit, Bruce et le page échangèrent des regards inquiets et des hochements de tête. Le roi seul ne parut rien remarquer. Il se déshabilla et se mit au lit dans les meilleures dispositions du monde. Quand il était couché, il aimait à causer avec Bruce. Ce soir-là, il l'entretint du palais qu'il

(1) Evelyn. *Journal.*

(2) Tout le récit de Thomas Bruce a été analysé dans le *Charles II* de M. Airy.

faisait bâtir à Winchester. « Cette semaine, dit-il, j'aurai la joie de voir ma maison couverte en plomb. » Bruce ferma ensuite la porte à l'aide du bouton de cuivre, avec lequel on l'assujettissait en dedans.

« Plusieurs circonstances, dit-il, rendaient ce logement peu agréable. La grande grille était garnie de charbon d'Écosse qui brûlait toute la nuit. Une douzaine de chiens qui venaient auprès de notre lit et plusieurs pendules qui sonnaient les demi-quarts et qui ne marchaient pas d'accord, faisaient un carillon perpétuel. Le roi s'y était accoutumé. Je dormis mal et je remarquai que le roi se retourna de temps en temps, contrairement à son habitude. » Le matin, à son réveil, Charles II appelait Bruce qui s'approchait alors de son lit et causait librement avec lui. Ce jour-là, il n'y eut point de conversation. Bruce enleva le bouton de la porte; les feutiers vinrent faire le feu et Bruce se retira dans la chambre pour s'habiller, laissant le médecin et les chirurgiens qui attendaient pour examiner le talon du roi. Comme il rentrait dans la chambre royale, un page de la chambre fit alors observer à Bruce que durant son lever, le roi n'avait pas parlé, qu'il était très pâle et qu'il s'était retiré dans sa garde-robe. Il faisait un froid très aigre. Bruce, pensant que Charles II n'était vêtu que d'une robe de nuit, pria Chiffinch, premier page de l'escalier, de dire au roi de revenir dans sa chambre. Charles II ne répondit pas et ne tint aucun compte de l'avis. Chiffinch était le seul qui eût, de par sa charge, la liberté de lui parler dans sa garde-robe. Bruce l'envoya derechef. Cette fois, Charles II parut, pâle, défait, n'ayant plus la langue libre, si bien que le comte de Craven, colonel des gardes à pied, étant venu prendre le mot d'ordre, il lui montra le papier où les jours du mois étaient marqués avec les consignes.

C'était le jour où on rasait le roi. Le barbier le prévint que tout était prêt. Charles II ne répondit pas. Il s'était assis, les genoux tournés contre la fenêtre. Le barbier attacha la serviette du côté droit, puis passa derrière la chaise pour en faire autant du côté gauche. Bruce était près de la chaise. Il vit à ce moment Charles II perdre l'équilibre, et il le reçut dans ses bras. Les médecins et les chirurgiens s'étaient retirés, mais le docteur King, chargé de veiller sur les cornues et les creusets du laboratoire royal, était à l'entrée de la chambre. « Avez-vous des lancettes ? demanda Bruce qui conservait tout son sang-froid. — Oui, » répondit King qui avait été chirurgien. Alors Bruce lui ordonna de saigner le roi et il le fit sur-le-champ. En emportant la cuvette où l'on avait recueilli le sang, Bruce alla chercher le duc d'York. Jacques vint avec tant de hâte qu'il avait un soulier à un pied et une pantoufle à l'autre.

Quand Bruce entra dans la chambre du roi avec le duc d'York, Charles II était couché. « Il avait une fort bonne figure et en regardant du côté opposé à celui du duc, il m'aperçut et me prit par la main en me disant : « Je vois que vous m'aimez à la vie et à la mort. » Et il me remercia vivement pour l'ordre donné au docteur King (qui fut fait chevalier pour ce service) de le saigner, et aussi pour avoir envoyé M. Chiffinch afin de le persuader de quitter le cabinet. Il me dit qu'il ne se trouvait pas bien et qu'il allait prendre quelques-unes de ces gouttes, communément appelées les gouttes du roi, qu'il allait marcher dans l'idée que cela lui ferait du bien ; mais, sur mes sollicitations, il y renonça, car il y avait trois ou quatre marches pour sortir du cabinet, et il me dit que, quand il se penchait en avant, la tête lui tournait et qu'il risquait de tomber (1). »

La reine Catherine de Bragance et le duc d'York ne quittèrent plus le chevet du roi. La duchesse de Portsmouth, retirée dans ses splendides appartements, y sanglotait sans vouloir rien entendre, sans accepter aucune consolation (2). On avait fermé les portes extérieures de

(1) Ce récit de Bruce est d'autant plus important qu'il détruit les allégations d'empoisonnement dont les éléments ont été recueillis par Hume (*Histoire d'Angleterre*, t. VIII, p. 61.)

(2) Bruce nie absolument que la duchesse de Portsmouth ait été présente au lit du roi et l'ait soigné, comme une femme soigne son mari, ainsi que l'a affirmé Burnet, et, après lui, Macaulay.

- *Bataille navale de Southwold Bay livrée les 7-14 juin 1673.*
Gravure hollandaise anonyme. (Bibliothèque Nationale. Estampes. Collection Hennin.)

Whitehall, mais les antichambres et les galeries regorgeaient de visiteurs. Les pairs, les conseillers privés, les ministres étrangers, le haut clergé de l'église anglicane, étaient seuls admis dans la chambre du roi. Il était aux mains des médecins. Arrêtée par la saignée du docteur King, la congestion n'était pas conjurée. Le malade fut largement saigné. On lui appliqua tous les secours que connaissait la médecine du temps et, pendant trois jours on pensa enrayer le mal. Sitôt que le bruit de l'accident survenu au roi s'était répandu dans Londres, la nouvelle avait rempli la capitale d'émotion et de douleur. Les églises étaient ouvertes et fréquentées par une foule anxieuse. Sur le soir du 4 février, on annonça que les médecins considéraient le roi comme hors de danger. Alors, les cloches des églises sonnèrent à toute volée, partout des feux de joie furent allumés, mais ces espoirs n'eurent point de lendemain. A peine le 5 au matin, la *Gazette de Londres* annonçait-elle l'amélioration survenue, qu'une rechute assurait les médecins qu'il fallait abandonner tout espoir.

Pendant ces journées, les évêques anglicans s'étaient relayés dans la chambre du malade. Sancroft, archevêque de Canterbury, crut devoir, le 5 au matin, l'état s'étant aggravé, prévenir le roi qu'il allait comparaître devant un juge qui n'a pas égard aux titres des personnes. Le roi ne répondit pas à Sancroft. Un peu après, Thomas Ken, archevêque de Bath, celui-là même, qui avait jadis refusé de laisser loger Eleonor Gwynn dans la maison dont il était prébendier, s'approcha du lit royal. Sa voix, disent les contemporains, était semblable à celle d'un rossignol, tant elle était douce. Mais vainement il épandit, dans une exhortation pathétique, les flots de son éloquence, Charles, quand il lui demanda s'il voulait participer aux sacrements, fidèle à cette habitude d'éluder poliment qui lui avait rendu de si fréquents services dans sa vie, le remercia et répondit qu'il y réfléchirait. Ainsi s'écoula la plus grosse partie de la journée.

Cependant, les nouvelles du roi étaient fréquemment apportées de sa chambre dans les appartements, ornés de buffets et de tapisseries rappelant Versailles, de la duchesse de Portsmouth. Barillon, ambassadeur de France, qu'elle avait fait appeler, fut entraîné par elle dans une chambre secrète et elle lui ouvrit son cœur. « Je vous dirai, lui dit-elle, le plus grand secret du monde. Ma tête serait en danger s'il était connu. Au fond de son cœur le roi est catholique. Mais voici qu'il va mourir sans s'être réconcilié avec l'Église. Il est entouré d'évêques anglicans. Personne ne lui fait connaître son état. Personne ne lui parle de Dieu. Je ne puis pénétrer chez lui sans causer du scandale. Maintenant, le duc d'York est le seul maître. Parlez-lui. Rappelez-lui que l'âme de son frère est en péril. Lui seul peut faire évacuer la chambre, allez-y immédiatement ou il sera trop tard. » Barillon courut à la chambre du roi et transmit au duc d'York le message de la favorite (1). Charles II venait de repousser un nouvel assaut des évêques anglicans. On avait inutilement placé près de son chevet une table où étaient posés le pain et le vin sacrementels. « Rien n'est pressé, » avait-il répliqué (2). Alors, Jacques s'approcha du lit, commanda aux assistants de se retirer à l'écart comme s'il avait à entretenir le roi des secrets d'État. Se penchant, il lui demanda, dans un chuchotement, s'il désirait qu'il lui envoyât chercher un prêtre catholique. — « Oui, oui, de tout mon cœur, je vous en prie, mon frère, et ne perdez pas de temps. » Puis il ajouta : « Mais cela ne vous expose-t-il pas trop? — Sire, répondit le duc d'York, dût-il m'en coûter la vie, je vous en ramènerai un. » Ni dans la chambre du roi, ni dans la chambre attenante, Jacques n'aperçut un catholique anglais. Alors il pria le comte de Castel Melhor, noble portugais réfugié en Angleterre, de se mettre en quête d'un

(1) Lingard. *Histoire d'Angleterre*, X, 53.

(2) Macaulay. *Histoire d'Angleterre depuis l'avènement de Jacques II*, t. I, p. 476.

prêtre. Le hasard voulut que les chapelains de la reine, ne comprenant assez bien ni l'anglais ni le français pour confesser le roi, on introduisit par un escalier dérobé, Dom John Huddleston, qui avait pansé les pieds du roi au chateau de Moseley, après la bataille de Worcester (1). Le bénédictin, depuis le *Test Act*, avait reçu asile dans la maison de la reine. Le duc d'York alors avertit le roi, qui ordonna que tout le monde se retirât, excepté son frère. Mais le duc, pour assurer deux témoins à l'abjuration, retint Louis de Duras, comte de Feversham, neveu de Turenne et chambellan de la reine et le comte de Bath, gentilhomme de chambre de service. Tous deux étaient protestants, mais le duc d'York estimait qu'il pouvait compter sur leur fidélité. Dès qu'ils furent sortis, la porte dérobée, que Chiffinch avait tant de fois ouverte à des visiteurs d'un autre genre, donna passage au père Huddleston. « Sire, dit le duc d'York, je vous présente celui qui vous a jadis sauvé la vie du corps, il vient maintenant sauver votre âme. — Qu'il soit le bienvenu! » répondit Charles II, et sans perdre de temps, il dit au père Huddleston qu'il désirait mourir dans la foi et dans la confession de l'Église catholique, qu'il était sincèrement affligé des péchés de sa vie passée et particulièrement d'avoir différé si longtemps sa conversion. Il espérait néanmoins dans les mérites du Christ, il était en paix avec tout le monde, pardonnait à ses ennemis et demandait pardon à ceux qu'il pouvait avoir offensés et s'il plaisait à Dieu de lui rendre la santé, il était résolu, par son secours, à changer de vie. Puis il commença sa confession qui dura environ une heure. « Ayant désiré recevoir les secours destinés aux mourants, il continua à faire de pieuses éjaculations, levant fréquemment les mains au ciel (2)

(1) *Mémoires de Jacques II*, 567.

(2) *Mémoires de Jacques II*, 567. — Le récit de Jacques II est corroboré par celui de Bruce qui termine son récit par ces mots : « C'est la vérité littérale, foi de chrétien. J'ai ma manière de voir, mais je déteste le mensonge et l'imposture. »

et s'écriant : « Miséricorde, mon doux Jésus! » Le père Huddleston n'avait pas sur lui le saint viatique. Un prêtre portugais attaché à la chapelle privée de la reine l'apporta (1). Le roi fut communié. Il éprouva tant de difficulté à avaler l'hostie qu'on fut obligé d'ouvrir la porte et d'aller chercher un verre d'eau. Puis, après une courte exhortation, le père Huddleston se retira par le passage secret, comme il était entré. On fit alors ouvrir la porte qui donnait sur la salle voisine. Tout le monde rentra dans la chambre, et le roi exprima publiquement pour le duc tout ce qu'il est possible de tendresse et d'amitié, lui demandant pardon des rigoureux traitements par lesquels il avait si longtemps exercé sa patience. On pleurait tout autour du lit du roi. Il parla aussi à la reine avec beaucoup de tendresse, implorant le pardon des grands torts qu'il avait eus à son égard.

Marie Béatrice de Modène, duchesse d'York.
Portrait par Peter Lely.

(1) Macaulay, qui n'a rien compris à l'intervention du prêtre portugais, a imaginé qu'Huddleston « était si illettré qu'il ne savait pas ce qu'il devait dire au roi dans de telles circonstances ».

Ken lui ayant de nouveau proposé de recevoir les sacrements, selon le rite anglican, « — J'ai fait ma paix avec Dieu, » répondit Charles, en l'écartant d'un geste courtois de la main (1).

La soirée était très avancée. On conduisit au chevet du mourant ses enfants naturels : les ducs de Crafton, de Southampton et de Northumberland, fils de la duchesse de Cleveland, le duc de Saint-Albans, fils d'Éléonore Gwynn et le duc de Richmond, fils de la duchesse de Portsmouth. Il leur donna à tous sa bénédiction, mais parla au duc de Richmond avec une tendresse particulière. Vers deux heures du matin, Charles qui souffrait beaucoup et se plaignait de sentir intérieurement un feu brûlant, eut quelques instants d'entretien avec son frère. Il l'assura de son affection très tendre, l'appela le meilleur des frères et des amis et lui dit que c'était avec joie qu'il lui remettait tout. Il lui recommanda la duchesse de Portsmouth, disant qu'il l'avait toujours aimée et qu'il l'aimait jusqu'au dernier soupir, et qu'il la recommandait aux bontés de son frère, ainsi que son fils. Il lui demanda aussi de prendre soin de ses autres enfants. Il s'abstint seulement de parler du duc de Monmouth qu'il avait dû exiler pour conspiration contre lui (2). « Ne laissez pas mourir de faim la pauvre Nelly ! » dit-il encore.

Quand les premières lueurs du matin commencèrent à percer les fenêtres de Whitehall, il demanda qu'on les ouvrît. « Je veux voir encore le soleil », dit-il. Il fit des ex-

(1) Comtesse de Courson. *La Persécution des catholiques en Angleterre*, p. 299.

(2) Le duc de Monmouth s'était associé au complot whig avec Essex, Sidney et Russel, au moment où la conjuration de Rye-House se proposait comme but, non plus de soulever la nation contre le gouvernement, mais d'assassiner le roi et son frère.

Dès cette époque, le duc de Monmouth fut, pour les Anglais du parti protestant, un véritable martyr de la bonne cause. Ils avaient tous, pour lui, les yeux pleins d'admiration de Dryden qui en trace un si beau portrait dans son *Absalon et Achitophel* : « Quoi qu'il fît, il le faisait avec tant d'aisance, qu'en lui seul le don de plaire était un don de la nature. La grâce accompagnait tous ses mouvements et le Paradis se révélait sur sa figure. »

Le 5, ladite duchesse d'York et la duchesse de Modène, sa mère, allèrent à Versailles rendre leurs devoirs à la Reine et à Monseigneur le Dauphin, dont elles furent fort bien reçues.

Gazette de France, novembre 1673. (Biblioth. Nationale. Estampes. Coll. Hennin.)

cuses à ceux qui l'avaient entouré toute la nuit de l'embarras qu'il leur causait. « Il avait mis à mourir un temps déraisonnable, mais il espérait qu'ils voudraient bien lui pardonner. » Ainsi, il mourait en gentilhomme, avec cette parfaite courtoisie qui faisait de lui, chez les Anglais, comme de son modèle, Louis XIV chez les Français, le plus poli des seigneurs de son royaume. Cependant, il s'affaiblissait rapidement. Vers huit heures, il perdit la parole; avant dix heures, il n'avait plus sa connaissance, et vers midi, le 6 février 1685, après un règne de vingt-cinq ans, il rendit doucement le dernier soupir.

FIN

TABLE DES CHAPITRES

TABLE DES GRAVURES

Imprimerie F. Schmidt, 5-7, avenue Verdier, Grand-Montrouge (Seine).

Imprimerie F. Schmidt, 5-7, avenue Verdier, Grand-Montrouge (Seine).

www.ingramcontent.com/pod-product-compliance
Ingram Content Group UK Ltd.
Pitfield, Milton Keynes, MK11 3LW, UK
UKHW021053230726
13926UKWH00004B/1814

9 782013 651738